XING für Dummies – Sch...

Wo finden Sie was?

✔ Wo auch immer Sie sich gerade befinden: Zu Ihrem XING-Profil kommen Sie über einen Klick auf Ihr Foto oben links.

✔ Falls Sie ein Unternehmensprofil verwalten, finden Sie dieses unter dem Menüpunkt UNTERNEHMEN|IHRE UNTERNEHMEN wieder.

✔ Die Sprechblase mit dem Sternchen unterhalb Ihres Fotos in der senkrechten linken Menüleiste offenbart Ihnen auf einen Blick sämtliche Reaktionen auf Ihre XING-Aktivitäten.

✔ Sämtliche persönlichen Nachrichten finden Sie über das kleine Briefumschlag-Symbol direkt darunter.

✔ Ihre Kontakte erreichen Sie über den Menüpunkt STARTSEITE|KONTAKTE.

✔ Die neuesten Beiträge aus Gruppen, in denen Sie Mitglied sind, sowie die aktuellen Gruppen-Newsletter finden Sie unter GRUPPEN in der senkrechten linken Menüleiste.

✔ Sie sorgen sich um den Datenschutz? Ihre Privatsphäre-Einstellungen können Sie über das kleine Rädchen am unteren Ende derselben Menüleiste verändern.

Die gängigsten Handgriffe auf XING

✔ **Einen neuen Kontakt hinzufügen:** Wenn bei Ihnen eine Kontaktanfrage eingeht, erhalten Sie eine entsprechende E-Mail und müssen nur noch auf den in

XING für Dummies – Schummelseite

dieser Mail enthaltenen Link klicken und die Anfrage auf der sich öffnenden XING-Seite bestätigen. Wenn Sie selbst eine Anfrage stellen wollen, klicken Sie auf dem betreffenden Profil auf den Button ALS KONTAKT HINZUFÜGEN (rechts oben) und formulieren eine kurze Begründung.

✔ **Eine persönliche Nachricht schreiben:** Ob in Suchergebnislisten, auf Profilseiten oder in Ihrer Kontaktübersicht: Wo immer Sie einen kleinen Briefumschlag sehen, können Sie über diesen eine persönliche Nachricht versenden – aber bitte keine Spam-Nachrichten.

✔ **Einen Gruppenbeitrag schreiben:** In den meisten Gruppen müssen Sie Mitglied sein, um einen Beitrag schreiben zu können. Suchen Sie über den Reiter FOREN in der jeweiligen Gruppe nach dem passenden Ort für Ihr Anliegen und klicken Sie in diesem Forum rechts oben auf NEUES THEMA ERSTELLEN. Achten Sie vor dem Absenden darauf, dass Sie sich per E-Mail über Antworten auf Ihren Beitrag informieren lassen!

✔ **Eine Statusmeldung veröffentlichen:** Dies geht entweder auf der XING-Startseite oder auf Ihrer Profilseite, direkt unter dem Foto. Die Statusmeldung auf Ihrer Profilseite bleibt dort für alle Profilbesucher sichtbar stehen, während die Statusmeldung auf der Startseite nur einmalig an Ihr Netzwerk versendet wird.

✔ **Mitglieder finden:** Schöpfen Sie dafür auf jeden Fall die Möglichkeiten der erweiterten Suche aus!

XING
für Dummies

Constanze Wolff

XING für Dummies

2., aktualisierte Auflage

WILEY
WILEY-VCH Verlag GmbH & Co. KGaA

Bibliografische Information der Deutschen Nationalbibliothek
Die Deutsche Nationalbibliothek verzeichnet diese Publikation in der
Deutschen Nationalbibliografie; detaillierte bibliografische Daten sind im
Internet über http://dnb.d-nb.de abrufbar.

2. Auflage 2014

© 2014 WILEY-VCH Verlag GmbH & Co. KGaA, Weinheim

Wiley, the Wiley logo, Für Dummies, the Dummies Man logo, and related
trademarks and trade dress are trademarks or registered trademarks of
John Wiley & Sons, Inc. and/or its affiliates, in the United States and other
countries. Used by permission.

Wiley, die Bezeichnung »Für Dummies«, das Dummies-Mann-Logo und
darauf bezogene Gestaltungen sind Marken oder eingetragene Marken von
John Wiley & Sons, Inc., USA, Deutschland und in anderen Ländern.

Das vorliegende Werk wurde sorgfältig erarbeitet. Dennoch übernehmen
Autoren und Verlag für die Richtigkeit von Angaben, Hinweisen und Ratschlägen sowie eventuelle Druckfehler keine Haftung.

Printed in Germany

Gedruckt auf säurefreiem Papier

Coverfoto: © itsjustjeff – iStockphoto.com;
        © LANTERIA – Shutterstock.com
Korrektur: Geesche Kieckbusch, Hamburg
Satz: inmedialo Digital- und Printmedien UG, Plankstadt
Druck und Bindung: CPI, Ebner & Spiegel, Ulm

ISBN: 978-3-527-71027-0

Über die Autorin

Constanze Wolff studierte Germanistik, Pädagogik und Psychologie, bevor sie als Redakteurin für einen Sportfachverlag sowie eine PR-Agentur tätig wurde. Seit Anfang 2001 ist sie ausschließlich freiberuflich tätig und unterstützt Agenturen und mittelständische Unternehmen in ganz Deutschland als Texterin, PR-Beraterin und Coach.

Ihr Know-how gibt sie nicht nur in Seminaren und Trainings weiter, sondern auch als Autorin und Kursbetreuerin des Fernkurses »PR-Fachkraft« bei der Fernstudienakademie. Auch in ihrem Blog sowie via Twitter, Pinterest, Facebook und Google+ pflegt sie ihre Leidenschaft für die deutsche Sprache und das Web 2.0.

Als passionierte Netzwerkerin ist Constanze Wolff seit Februar 2004 Premium-Mitglied bei XING. Seit Mai 2007 moderiert sie gemeinsam mit drei Kollegen die Regionalgruppe MünsterBusinessClub, seit Anfang 2009 ist sie offiziell lizenzierte XING-Trainerin.

Den fehlenden Doktortitel entschuldigt sie mit Zeitmangel und einer zu starken Praxisorientierung – einzig ein Buch mit ihrem Namen auf dem Titel schien ihr ein adäquater Ersatz zu sein. Sicherheitshalber hat sie dann gleich zwei veröffentlicht. Weitere Informationen zu ihrer Arbeit und Person finden Sie unter www.constanzewolff.de.

Inhaltsverzeichnis

Über die Autorin	7
Einführung	11

Teil I
Das XING-Prinzip   15

Kapitel 1
Was ist XING?   17

Kapitel 2
Was Sie mit XING tun können   23

Kapitel 3
Erste Schritte mit XING   29

Teil II
Selbstdarstellung auf XING   43

Kapitel 4
Ihr XING-Profil   45

Kapitel 5
Vernetzte Kommunikation – in und aus XING   53

Kapitel 6
Ihr Unternehmen auf XING   65

Teil III
So bekommen Sie, was Sie wollen   73

Kapitel 7
XING als Informationsquelle   75

Kapitel 8
So positionieren Sie sich als Experte 83

Kapitel 9
Kontaktmanagement, Profisuche und Events 97

Kapitel 10
Jobsuche mit XING 115

Kapitel 11
Mitarbeitersuche mit XING 121

Stichwortverzeichnis 127

Einführung

»Die Frage ist nicht, **ob** wir Social Media nutzen, sondern **wie gut** wir sie nutzen.« Marketingexperte Erik Qualman bringt auf den Punkt, was viele von uns umtreibt: Soziale Netzwerke sind elementarer Bestandteil moderner Kommunikation geworden – also wollen wir sie auch beherrschen.

Unter der Vielzahl von Online-Netzwerken nimmt XING eine Sonderstellung ein: Mit über 13 Millionen Nutzern und einem klaren Fokus auf die professionelle Nutzung gibt es kaum etwas, was Sie hier nicht finden – vom neuen Job über den fachlichen Austausch bis zum neuen Kunden oder Mitarbeiter. Dieses Buch zeigt Ihnen, wie Sie sich oder Ihr Unternehmen bei XING präsentieren und die Plattform so nutzen, dass Sie immer genau das bekommen, was Sie gerade brauchen.

Über dieses Buch

XING für Dummies erleichtert sowohl Internetneulingen als auch alten Computerhasen den Einstieg in die Businessplattform. Es ist kein Softwarehandbuch, sondern eine leicht verständliche Schritt-für-Schritt-Anleitung für Ihre ersten Gehversuche auf und mit XING.

Vom Moment der Registrierung an werden Sie an die Hand genommen und durch die verschiedenen Phasen eines »XING-Lebens« geführt – vom Ausfüllen Ihres Profils über das Knüpfen erster Kontakte bis zur professionellen Nutzung der für Sie relevanten Plattformbereiche. Ohne dass Sie es merken, werden Sie so vom XING-Anfänger zum echten XING-Strategen, der bei Bedarf Brancheninformationen, Jobs, Neukunden und/oder Mitarbeiter über XING gewinnt – und das ohne großen Aufwand. Je nachdem, was Sie suchen, können Sie auch gleich zu dem Kapitel springen, das Sie gerade interessiert.

Törichte Annahmen über den Leser

Sie haben dieses Buch gekauft – also ist die Wahrscheinlichkeit groß, dass Sie sich für XING interessieren und sich dieses Büchlein genau an Sie richtet. Doch wer sind Sie überhaupt? Ich habe einige Annahmen über Sie zusammengestellt:

✔ Sie besitzen einen Computer und verfügen über einen Internetzugang.

✔ Sie nutzen das Internet nicht ausschließlich zu privaten Zwecken, sondern (zumindest zeitweise) auch aus beruflichen Gründen.

✔ Sie wollten schon immer einmal wissen, was dieses XING eigentlich ist und wie es funktioniert.

✔ Sie sind bereits seit einiger Zeit XING-Mitglied, Ihr Profil liegt jedoch brach.

✔ Obwohl Sie bereits auf der Plattform aktiv sind, lässt der gewünschte Erfolg auf sich warten.

✔ Ihr Chef möchte, dass Sie Ihr Unternehmen in sozialen Netzwerken unterbringen, und Sie fragen sich, ob XING die richtige Plattform dafür ist.

✔ Sie suchen händeringend nach neuen Mitarbeitern.

✔ Die kritische Berichterstattung zum Thema Datenschutz in sozialen Netzwerken hat Sie ein wenig nervös gemacht.

Wenn Sie bei einem oder mehreren dieser Punkte innerlich – oder meinetwegen auch hörbar – »Ja!« gesagt haben, ist dieses Buch das richtige für Sie!

Wie dieses Buch aufgebaut ist

Das Buch besteht aus vier Teilen, die in einzelne Kapitel untergliedert sind. Hier ein Überblick, was Sie in den einzelnen Teilen erwartet:

Teil I: Das XING-Prinzip

In den ersten drei Kapiteln erfahren Sie, was XING überhaupt ist und was Sie damit tun können. In leicht nachvollziehbaren Schritt-für-Schritt-Anleitungen lernen Sie, wie Sie Teil der XING-Gemeinschaft werden und erste Kontakte auf der Plattform anbahnen.

Teil II: Selbstdarstellung auf XING

Hier erfahren Sie, wie Sie sich selbst oder Ihr Unternehmen optimal auf XING in Szene setzen. Die einzelnen Bereiche eines Personen- oder Unternehmensprofils werden detailliert erläutert, außerdem lernen Sie, Ihr Profil auch in Ihre Kommunikation außerhalb von XING einzubinden.

Teil III: So bekommen Sie, was Sie wollen

Jetzt wird es konkret. In diesen fünf Kapiteln werden die verschiedenen Formen der Informationsbeschaffung mit XING erläutert. Anhand von praktischen Beispielen lernen Sie, Fachwissen, einen Job, Neukunden oder Mitarbeiter über die Plattform zu gewinnen – und dabei den Überblick zu behalten.

Unter http://downloads.fuer-dummies.de finden Sie zusätzlich den Top-Ten-Teil. Er enthält jede Menge nützlicher Tipps, mit denen Sie Fettnäpfchen umschiffen und sich als echter XING-Experte erweisen. Eine Sammlung von spannenden XING-Links stellt sicher, dass Sie auch langfristig Spaß und Erfolg mit der Plattform haben.

Symbole, die in diesem Buch verwendet werden

Mit diesem Symbol sind Hinweise versehen, anhand derer Sie sich zum echten XING-Experten mausern können. Tipps halt.

Und weil Sie nicht alle Fehler machen müssen, die andere schon gemacht haben, warnt dieses Symbol Sie vor Fallstricken jeder Art.

Dieses Symbol weist auf Wiederholungen hin. Diese dienen nicht dem Füllen von Seiten, sondern erinnern Sie an besonders wichtige Punkte, die an anderer Stelle bereits erläutert wurden.

Teil 1

Das XING-Prinzip

In diesem Teil ...

erfahren Sie, was genau XING eigentlich ist und wie Sie es für Ihr Unternehmen oder Ihre Jobsuche einsetzen können. Sie lernen die Grundregeln des Networking kennen und erhalten einen Überblick über die Möglichkeiten und Grenzen von XING. Mithilfe von übersichtlichen Schritt-für-Schritt-Anleitungen machen Sie Ihr XING-Profil startklar.

Was ist XING? 1

> *In diesem Kapitel*
> ✔ Dos and Don'ts des Networking
> ✔ Jeder kennt jeden um sechs Ecken
> ✔ Wie Ihnen Ihre Kontakte für Ihr Business nützen

Mit rund 14 Millionen Mitgliedern weltweit (Stand: September 2013) ist XING eines der führenden sozialen Netzwerke für berufliche Kontakte. Das 2003 unter dem Namen OpenBC (Open Business Club) gegründete Unternehmen hat seinen Sitz in Hamburg und ist seit 2006 börsennotiert. Rund 500 Mitarbeiter arbeiten an einer Plattform, die Berufstätigen aller Branchen das Suchen und Finden von Aufträgen, Jobs, Mitarbeitern, Kooperationspartnern, Fachinformationen und Geschäftsideen ermöglicht.

Basis dieser Plattform ist für jedes einzelne Mitglied sein persönliches Profil: Hier hinterlegt es detaillierte Angaben zu seinen Interessen und Kompetenzen – bis hin zu seinem kompletten beruflichen Lebenslauf. Beim Umschauen auf XING stößt es dann schnell auf Freunde, Bekannte und spannende Neukontakte, die es seinem Netzwerk hinzufügt.

Wie bei jedem sozialen Netzwerk gilt auch hier: Wirklich lebendig wird XING erst durch die Aktivität seiner Mitglieder: In über 50.000 Gruppen und auf mehr als 180.000 Events pro Jahr findet ein reger Austausch untereinander statt, das sogenannte »Networking«. Doch was genau ist das eigentlich?

Grundregeln des Networking

Wikipedia weiß Bescheid: »Unter der Tätigkeit netzwerken (Networking) versteht man den Aufbau und die Pflege eines Beziehungsgeflechts einer mehr oder weniger großen Gruppe von einander verbundenen Personen, die sich gegenseitig kennen, sich informieren und manchmal (…) in ihrer Karriere fördern oder andere Vorteile verschaffen.« Eines fällt Ihnen dabei sicherlich sofort auf: Networking ist keine Erfindung des Internetzeitalters – früher wurde es allerdings Vitamin B, Klüngelei, Seilschaften oder Golfclub genannt. Was all diese Ideen gemeinsam haben? Immer geht es um das Knüpfen neuer Kontakte und die Pflege und Vertiefung bestehender Beziehungen – mit dem Ziel, beruflich voranzukommen. Aber Achtung: Mit zielloser Kontaktsammelei oder Ausbeutung anderer hat das nichts zu tun!

Schauen Sie sich einmal in Ihrem Bekannten- und Freundeskreis um: Sicherlich ist darunter jemand, dem Sie schon bei x Umzügen geholfen haben, der aber immer einen dringenden Termin oder ein akutes Rückenleiden hat, wenn bei Ihnen ein Umzug ansteht. Menschen diesen Schlags unterwandern das zentrale Prinzip des Networking: **Erst geben, dann nehmen.** Das ist bei XING nicht anders als im echten Leben: Wenn Ihnen beim Shoppen eine nette Kleinigkeit für Ihren Partner ins Auge sticht, machen Sie diesem genauso eine Freude wie Ihren XING-Kontakten, denen Sie einen spannenden Link oder eine Jobausschreibung weiterleiten.

Überhaupt kommen Sie sehr weit, wenn Sie sich in sozialen Netzwerken ähnlich verhalten wie in der Offline-Welt:

- ✔ Seien Sie authentisch.
- ✔ Zeigen Sie Interesse, stellen Sie Fragen und hören Sie gut zu.
- ✔ Überlegen Sie, was Sie für den anderen tun können – und erwarten Sie keine Gegenleistung.
- ✔ Suchen Sie Gemeinsamkeiten und setzen Sie diese im Small Talk ein.
- ✔ Langweilen Sie Ihr Gegenüber nicht mit endlosen Monologen, sondern bringen Sie Ihr Anliegen mit wenigen prägnanten Sätzen auf den Punkt – und zwar nur, wenn Sie danach gefragt werden!
- ✔ Behandeln Sie alle gleich – wer nicht als Kunde infrage kommt, ist möglicherweise ein toller Multiplikator.
- ✔ Vermitteln Sie Kontakte und sprechen Sie Empfehlungen aus – allerdings nur, wenn Sie von der Kompetenz des Empfohlenen überzeugt sind. Schlechte Empfehlungen fallen auf Sie selbst zurück.
- ✔ Und last but not least: Bedanken Sie sich!

Jede Form der Kommunikation ist nur so gut wie die dahinterstehende Strategie. Überlegen Sie sich also vor Ihrem Engagement bei XING, was Sie dort eigentlich erreichen wollen (Ziele), welche Kontakte Sie dazu anstreben (Zielgruppen), was Sie diesen mitteilen wollen (Botschaften) und auf welche Weise Sie dies tun wollen (Methoden). Spätestens nach der Lektüre dieses Buches sollte das kein Problem mehr für Sie sein.

Das Kleine-Welt-Phänomen

Nach vielen Jahren der Freundschaft stellt sich heraus, dass Ihr bester Kumpel in einem Fußballteam mit Ihrem Physiotherapeuten spielt. Bei der Hochzeit Ihrer besten Freundin stellen Sie fest, dass deren Cousine eine Arbeitskollegin Ihres Mannes ist. Situationen dieser Art kennen wir alle, und üblicherweise reagieren wir mit dem Satz »Die Welt ist klein« oder »Jeder kennt jeden um sechs Ecken«. Dass das tatsächlich so ist, hat der US-amerikanische Psychologe Stanley Milgram bereits 1967 nachgewiesen und dafür den Begriff des »Kleine-Welt-Phänomens« geprägt. Milgram meint damit, dass jeder Mensch auf der Welt mit jedem anderen über eine überraschend kurze Kette von Bekanntschaftsbeziehungen verbunden ist. Wie diese Kette bei XING aussieht, sehen Sie in Abbildung 1.1.

Abbildung 1.1: Knapp 447.000 Menschen sind bei XING nur über jeweils eine gemeinsame Kontaktperson mit mir vernetzt.

Stellen Sie sich vor, was das für die Akquise oder Kontaktanbahnung bedeutet! Am besten geeignet ist dazu ein praktisches Beispiel: Was tun Sie, wenn Sie einen Hautarzt oder einen Steuerberater suchen? Beide Branchen beschäftigen sich mit sensiblen Themen, in beiden Fällen suchen Sie jemanden, dem Sie uneingeschränkt vertrauen können. Mit großer Wahrscheinlichkeit werden Sie daher Menschen, denen Sie ohnehin schon vertrauen, nach einer Empfehlung fragen.

Auf diesem Prinzip basiert jede Form des »Social Networking« – im professionellen Umfeld dann auch gerne »Empfehlungsmarketing« genannt. Anders als in Ihrem Freundeskreis erreicht Ihre Anfrage mithilfe von XING jedoch nicht nur eine Handvoll Menschen, sondern (im in Abbildung 1.1 abgebildeten Beispielfall) 1.104 Personen auf einen Schlag. Diese 1.104 Personen sind wiederum mit 446.917 anderen Menschen vernetzt – darunter sollte ein Steuerberater oder Hautarzt zu finden sein, oder?

Der besondere (und in keinem anderen sozialen Netzwerk zu findende) Clou bei XING: Sie können in den Kontakten Ihrer Kontakte suchen! Um einen Hautarzt oder Steuerberater zu finden, müssen Sie also noch nicht einmal fragen, sondern können gewissermaßen das Adressbuch Ihrer Kontakte durchstöbern. Wie das geht, erfahren Sie in Teil III.

Was Sie mit XING tun können 2

> **In diesem Kapitel**
> - ✔ XINGs Alleinstellungsmerkmal: das professionelle Netzwerk
> - ✔ Die vielfältigen Nutzungsmöglichkeiten von XING

Mit der zunehmenden Zahl von sozialen Netzwerken am Markt wurde es für XING immer wichtiger, sein Alleinstellungsmerkmal klar und deutlich auf den Punkt zu bringen. Wie geht das besser als mit einem prägnanten Slogan?

Nach der Umstellung von OpenBC zu XING im Jahr 2006 lautete der Leitsatz zunächst: »Powering Relationships«, 2010 wurde im Rahmen einer Marketingkampagne mit »Und es hat XING gemacht« geworben. Slogan Nummer eins bringt die Anbahnung von Kontakten auf den Punkt, Ansatz Nummer zwei steht für die mit XING erlebbaren Erfolgsmomente. Doch erst der mit der umfassenden Überarbeitung der XING-Site im Juni 2011 eingeführte Werbespruch »Das professionelle Netzwerk« bringt die Kernkompetenz von XING auf den Punkt: die Anbahnung und Vertiefung von geschäftlichen Beziehungen.

Denn genau darum geht es letztlich jedem Mitglied eines Businessnetzwerks. Wir investieren unsere Zeit nicht, weil uns langweilig ist oder wir gerade nichts Besseres zu tun haben, sondern weil wir uns einen echten Nutzen von dieser Investition versprechen. Je nach Bedarf bietet XING Ihnen ganz unterschiedliche Nutzen. Welche das sind, erfahren Sie in den folgenden Abschnitten.

Selbst-PR

Sie wollen sich einen Ruf als Experte zu einem bestimmten Thema erarbeiten? Keiner in Ihrer Region soll mehr an Ihren Produkten oder Ihrem Dienstleistungsangebot vorbeikommen? Zur Erreichung dieses Ziels stehen Ihnen bei XING gleich zwei Möglichkeiten zur Verfügung:

✔ Sie spitzen Ihr komplettes Profil auf Ihren Expertenstatus zu. So werden Sie unter den relevanten Suchbegriffen gefunden und bei jeder öffentlichen Meinungsäußerung als Experte wahrgenommen. (Wie das im Detail geht, erfahren Sie in Kapitel 4.)

✔ Sie diskutieren in den für Ihre Zielgruppe, Branche oder Region relevanten Gruppen mit. Hier greift die erste Regel des Networking (getreu dem Motto »Erst geben, dann nehmen«): Je häufiger Sie Ihr Know-how einbringen, desto eher werden Sie etwas zurückbekommen.

Neue Kontakte anbahnen

So abgegriffen er ist, so richtig ist der Spruch nach wie vor: Kontakte schaden nur dem, der sie nicht hat. Das heißt jedoch nicht, dass Sie wahl- und zahllos jeden x-Beliebigen Ihrem Netzwerk hinzufügen sollen. Überlegen Sie sich am besten gleich zu Beginn Ihrer Aktivitäten bei XING eine sinnvolle und zu Ihrem Anliegen passende Kontaktstrategie.

✔ Sie planen einen Jobwechsel oder wollen sich über eine bestimmte Branche schlaumachen? Dann ist es sinnvoll, sich gezielt um Kontakte in der jeweiligen Zielbranche oder sogar bei Ihrem Wunscharbeitgeber zu bemühen.

✔ Sie vertreiben ein preissensibles Produkt, für das es sinnvoll ist, möglichst viele Menschen in möglichst kurzer Zeit über eine aktuelle Rabattaktion zu informieren? Dann kann es hilfreich sein, eine möglichst große Zahl von Kontakten zu haben.

✔ Sie sind Arbeitsvermittler und wollen regelmäßig eine bestimmte Klientel in Lohn und Brot bringen? Dann ist es möglicherweise Erfolg versprechend, gezielt Personalverantwortliche aus der relevanten Branche anzusprechen.

✔ Sie sind Coach und somit bereits in der Akquisephase auf den persönlichen Kontakt mit potenziellen Kunden angewiesen? Dann liegen Sie vermutlich richtig, wenn Sie lediglich Menschen zu Ihrem Kontaktnetzwerk hinzufügen, die Sie persönlich kennen (oder kennenlernen wollen).

Kontaktpflege

Was macht eigentlich meine ehemalige Kollegin? Ist mein Ausbilder immer noch für das gleiche Unternehmen tätig? Und wie sieht er wohl mittlerweile aus? Fragen dieser Art lassen sich via XING in Sekundenschnelle beantworten. Haben Sie eine Person erst einmal zu Ihrem Netzwerk hinzugefügt, entgehen Ihnen künftig kein Jobwechsel und keine neue Telefonnummer mehr.

Warmakquise

Ja, Sie lesen richtig: XING steht für das Ende der Kaltakquise. Sie haben schon immer davon geträumt, als Freiberufler für Mercedes Benz zu arbeiten? Sie suchen den direkten Kontakt zu Geschäftsführern aus der Kunststoff verarbeitenden Industrie? Wo Sie früher viel Zeit, Geld und/oder Energie investiert haben, um an Telefonnummern heran- oder an Vorstandsassistentinnen vorbeizukommen, genügt heute oft nur eine geschickte Suchanfrage bei XING. Sie werden überrascht sein, wen Ihre direkten Kontakte alles kennen – und wie gerne einige von ihnen Ihnen bei der Kontaktanbahnung behilflich sind.

Stellen und Projekte finden oder besetzen

Sie sind auf der Suche nach einer neuen Herausforderung oder einem neuen Mitarbeiter? Als Headhunter ist es Ihr täglich Brot, hoch qualifizierte Positionen passgenau zu besetzen? Dann sind Sie unter den Menüpunkten JOBS und PROJEKTE richtig.

- ✔ Arbeitssuchende können hier ganz gezielt nach Jobs oder Projekten suchen und sich per E-Mail über neue spannende Angebote informieren lassen.

- ✔ Unternehmen jeder Größenordnung können ihre Job- oder Projektangebote einstellen und auf Wunsch auch außerhalb von XING auffindbar machen. Der Clou daran: Das Angebot erscheint aufgrund eines intelligenten Empfehlungssystems bei geeigneten Kandidaten direkt unter JOBS und PROJEKTE – so werden auch diejenigen Kandidaten erreicht, die nicht aktiv suchen und sich nicht über den klassischen Jobmarkt bewerben.

- ✔ Mitarbeiter der Personalabteilung und Headhunter setzen auf den sogenannten »XING-Talentmanager«, der sie mittels exklusiver Suchfilter noch schneller zu passenden Kandidaten und wertvollen Kontakten führt.

Events organisieren oder genießen

Von der privaten Grillparty über Ihr Firmenjubiläum bis zur professionellen Seminarveranstaltung: Jedes dieser Events lässt sich mit wenigen Klicks über das Event-Tool von XING abwickeln. Sie können kostenlose Veranstaltungen durchführen, verschiedene Ticket-Kategorien festlegen, Begleitpersonen akzeptieren oder sogar Nicht-XING-Mitglieder einladen – einfacher geht's nicht.

So ist es kein Wunder, dass mehr als 180.000 Veranstaltungen pro Jahr über XING abgewickelt werden – da ist mit Sicherheit auch für Sie das ein oder andere spannende Ereignis dabei. Wie Sie das zu Ihren Bedürfnissen passende Event finden oder anlegen, erfahren Sie in Kapitel 9.

Ihr Unternehmen präsentieren

Nicht nur Einzelpersonen, sondern ganze Unternehmen haben die Möglichkeit, sich auf XING ins rechte Licht zu rücken und mit regelmäßigen Neuigkeiten zu brillieren. Mit einem Unternehmensprofil präsentieren Sie Ihr Unternehmen und sämtliche Mitarbeiter mit einem Schlag vor mehr als 14 Millionen XING-Nutzern – das schafft Vertrauen bei potenziellen Angestellten, eröffnet neue Vertriebskanäle und garantiert eine langfristige Kundenbindung. In Kapitel 6 erfahren Sie mehr zu dieser spannenden Form der Selbstdarstellung.

Fachlicher Austausch und Informationsbeschaffung

Sie suchen fachlichen Rat zu einem technischen Problem, möchten sich mit Branchenkollegen austauschen oder sind auf der Suche nach Business-Know-how aus Ihrer Region? In mehr als 50.000 Fach- und Regionalgruppen stehen sich die Mitglieder von XING zu den unterschiedlichsten Themen mit Rat und Tat zur Seite. Wie Sie die für Sie relevanten Gruppen finden und sich an den entsprechenden Diskussionen beteiligen, lesen Sie in den Kapiteln 7 und 8.

Schnäppchen machen

Als XING-Mitglied profitieren Sie von exklusiven Angeboten ausgewählter XING-Partner. Unter UNTERNEHMEN|VORTEILSANGEBOTE finden Sie wechselnde Rabattaktionen für Flüge, Mietwagen, Hotelzimmer, IT-Dienstleistungen und vieles mehr. Das ist nicht nur für den Nutzer reizvoll, sondern auch für interessierte Unternehmen eine spannende Methode, das eigene Angebot einer großen Zahl von XING-Mitgliedern bekannt zu machen. Schauen Sie einfach immer mal wieder unter diesem Menüpunkt vorbei – es lohnt sich!

Erste Schritte mit XING   3

> **In diesem Kapitel**
> - ✔ Sich bei XING registrieren
> - ✔ Formen der Mitgliedschaft
> - ✔ Die XING-Schaltzentrale: Ihre Startseite
> - ✔ Erste Kontakte knüpfen

Die Möglichkeiten von XING haben Sie überzeugt? Herzlichen Glückwunsch – dann sind Sie jetzt reif für die Anmeldung! Keine Angst, Sie müssen weder Ihre Seele verkaufen noch einen Abovertrag unterzeichnen – die Basis-Mitgliedschaft ist kostenlos, und Sie allein entscheiden, wer welche Ihrer Daten zu sehen bekommt. (Mehr zu den Privatsphäre-Einstellungen erfahren Sie in Kapitel 5.)

Los geht's

Der Erstkontakt mit XING ist ganz einfach: Gehen Sie auf die Website www.xing.com und klicken Sie dort auf den Menüpunkt REGISTRIEREN. Sie werden aufgefordert, Ihren Namen und Ihre E-Mail-Adresse anzugeben und ein Passwort auszuwählen. Anschließend müssen Sie nur noch die Datenschutzbestimmungen und AGB von XING akzeptieren und dann auf REGISTRIEREN klicken. Wenige Sekunden später erhalten Sie eine E-Mail mit einem Link, anhand dessen Sie Ihr XING-Konto aktivieren. Und schon sind Sie drin!

Bevor Sie nun so richtig loslegen können, fordert XING Sie auf, ein paar Angaben zu Ihrer Person zu machen – schließlich wollen die anderen XING-Nutzer wissen, mit wem sie es zu tun haben. In einer Formularmaske geben Sie für den Anfang folgende Daten ein:

- ✔ **Anrede:** Herr oder Frau? Das wissen Sie selbst am besten.

- ✔ **Art der Beschäftigung:** Hier geht es darum, ob Sie beispielsweise Angestellter, Freiberufler, Arbeit suchend oder Beamter sind.

- ✔ **Stellenbezeichnung:** Sind Sie Vertriebsleiterin, Marketingassistent oder Geschäftsführer? Ihre genaue Position gehört in dieses Formularfeld.

- ✔ **Unternehmen:** Bitte geben Sie hier den genauen Namen Ihres Unternehmens ein. Im Idealfall wählen sämtliche Vertreter eines Unternehmens ein- und dieselbe Schreibweise – erkundigen Sie sich also gegebenenfalls nach der firmenintern üblichen Schreibregelung.

- ✔ **Branche:** Hier wählen Sie aus einer Dropdown-Liste diejenige Branche aus, in der Sie tätig sind.

- ✔ **Land und Ort:** Hier ist nicht Ihr privater Wohnsitz, sondern der Standort Ihres Unternehmens gefragt.

- ✔ **Fähigkeiten und Fachkenntnisse:** Optional können Sie an dieser Stelle Ihre fünf wichtigsten Kompetenzen in Stichworten angeben – dieser Bereich lässt sich aber auch später noch ausfüllen.

Basis- oder Premium-Mitgliedschaft wählen

Die ersten Schritte in XING sind gemacht – an dieser Stelle tut sich die erste Weggabelung vor Ihnen auf: Sie müssen entscheiden, ob Sie Basis-Mitglied bleiben oder zur Premium-Mitgliedschaft wechseln wollen. Freundlicherweise listet XING Ihnen die Möglichkeiten beider Formen der Mitgliedschaft in einer übersichtlichen Tabelle auf.

Für die ersten Gehversuche genügt die kostenlose Basis-Mitgliedschaft, aber wenn Sie ernsthaft mit XING arbeiten wollen, empfiehlt sich in jedem Fall der Wechsel zur Premium-Version. Eine Drei-Monats-Mitgliedschaft ist für 7,95 Euro pro Monat erhältlich und lohnt sich bereits mit dem ersten über XING gewonnenen Neukunden oder spannenden Geschäftskontakt, bei längeren Laufzeiten wird es spürbar günstiger. Mit folgenden Funktionen, die nur Premium-Mitgliedern zur Verfügung stehen, werden Ihnen Erfolge dieser Art deutlich leichter gemacht:

- ✔ Mit der erweiterten Suchfunktion finden Sie einfach und schnell Geschäftspartner, potenzielle Auftraggeber und Dienstleister.

- ✔ Sie erfahren, wer Ihr Profil besucht hat und über welchen Weg er zu Ihnen gefunden hat – so gewinnen Sie wertvolle Neukontakte oder frischen alte auf.

- ✔ Sie können persönliche Nachrichten auch an Nichtkontakte schreiben – selbst wenn Ihnen die E-Mail-Adresse unbekannt ist. Außerdem können Sie diesen Nachrichten Anhänge von bis zu 100 MB Größe anhängen.

- ✔ Andere XING-Mitglieder können Ihnen Referenzen geben, die auf Ihrem Profil angezeigt werden.

- ✔ Sämtliche XING-Profile werden Ihnen werbefrei angezeigt.

✔ Ihnen stehen deutlich umfangreichere Gestaltungsmöglichkeiten für die Portfolio-Seite (siehe Kapitel 4) zur Verfügung.

Damit Sie wirklich sämtliche Funktionen von XING kennenlernen, gehe ich im weiteren Verlauf dieses Buches davon aus, dass Sie sich für eine Premium-Mitgliedschaft entschieden haben.

Aufmerksame Nutzer werden es schon bemerkt haben: Mit dem XING-Talentmanager gibt es noch eine weitere Form der XING-Mitgliedschaft. Ausführliche Informationen zu dieser auf die Bedürfnisse von Personalern und Headhuntern abgestimmten Mitgliedschaft erhalten Sie in Kapitel 11.

Das Wesentliche immer im Blick: Ihre Startseite

Wann immer Sie sich künftig bei XING einloggen, landen Sie auf Ihrer sogenannten Startseite. (Wenn Sie gerade irgendwo anders auf der Plattform unterwegs sind, erreichen Sie diese jederzeit über den gleichlautenden Menüpunkt.) An dieser Stelle fließen sämtliche relevanten Informationen aus Ihrem XING-Netzwerk zusammen.

Solange Sie neu bei XING sind, begrüßt XING Sie hier mit ausgewählten Tipps und Tricks zur Nutzung der Plattform und zur Optimierung Ihres Profils. Diese Hinweise verschwinden, wenn Sie sie nach und nach abgearbeitet haben. Falls Sie das erst später machen wollen, klicken Sie einfach unten auf der Seite den Button Weiter zum Profil.

Auf der Startseite finden Sie ein kleines Eingabefeld, in dem Sie Mitteilungen an Ihr Netzwerk platzieren können: Im Feld Teilen Sie Neuigkeiten und Wissenswertes mit Ihren Kontakten! ist Platz für 420 Zeichen lange Statusmeldungen, Link-Hinweise, Mini-Umfragen oder sogar Stellenausschreibungen (siehe Kapitel 11). Alles, was Sie hier eingeben, wird einmal an Ihr komplettes Netzwerk versendet und dann auf Ihrer Profilseite unter Aktivitäten gespeichert. Wenn Sie einen Twitter-Account oder ein Facebook-Profil betreiben, können Sie diese Meldung mit einem Klick auch gleich dort verbreiten.

Sobald Sie erste Kontakte geknüpft haben (siehe unten) finden Sie im zentralen Bereich der Startseite sämtliche Neuigkeiten aus Ihrem Netzwerk: Hier werden Ihnen die Aktivitäten Ihrer Kontakte chronologisch angezeigt – von der Profiländerung über einen Gruppenbeitrag bis zur Eventteilnahme. Typische Meldungen aus diesem Bereich lesen sich so:

- ✔ Thomas Meier hat folgenden neuen Kontakt: Klaus Schmidt.
- ✔ Claudia Müller empfiehlt folgenden Link: »Was Sie unbedingt lesen sollten«.
- ✔ Melanie Muster hat folgenden Forenbeitrag geschrieben: »Antikes Sideboard zu verkaufen«.
- ✔ Roman Schulze nimmt an folgendem Event teil: »Gratis-Webinar zum neuen XING«.
- ✔ Nicola Niemand hat Folgendes in ihrem Profil aktualisiert: Interessen.
- ✔ Christian Chaot organisiert das folgende Event: »Zeitmanagement für Fortgeschrittene«.

Andere XING-Mitglieder können diese Meldungen über entsprechende Buttons öffentlich kommentieren (Sprechblase), für interessant befinden (Stern) oder via XING, Facebook oder Twitter an ihr eigenes Netzwerk weiterempfehlen. Hier greift der sogenannte »virale Effekt«, für den soziale Netzwerke berühmt sind. Das sieht dann beispielsweise so aus:

- ✔ Ein ehemaliger Kollege von Ihnen meldet sich für ein Event an. Sie wissen, dass dieser sich sehr gut in Ihrer Branche auskennt und immer am Puls der Zeit ist – also entscheiden Sie sich ebenfalls für eine Teilnahme.

- ✔ Eine Freundin veröffentlicht den Link zu einer sehr spannenden neuen Website, die eine Vielzahl relevanter Informationen zu Ihrer Branche versammelt. Sie klicken auf das kleine XING-Logo, um diese Website auch Ihren anderen Kontakten bei XING weiterzugeben.

- ✔ Ein Freund von Ihnen ist arbeitslos geworden und sucht einen neuen Job in Ihrer Stadt. Sie lesen seine Nachricht dazu und unterstützen ihn bei der Stellensuche, indem sie diese weitergeben.

Wenn Ihnen auf der Startseite mit steigender Kontaktzahl zu viele Informationen auflaufen oder Sie nur an bestimmten Teilinformationen interessiert sind, können Sie rechts oben auf der Seite jederzeit auswählen, was genau Sie gerade zur Kenntnis nehmen wollen. Nach einem Klick auf das grün hervorgehobene ALLE EINTRÄGE öffnet sich ein Menü, anhand dessen Sie entscheiden, ob Sie beispielsweise nur Gruppenbeiträge oder Profiländerungen lesen wollen. Oder Sie klicken auf den kleinen Diamanten am linken Seitenrand unter Ihrem Foto: Unter KONTAKTNEUIGKEITEN sehen Sie hier die wichtigsten Veränderungen bei Ihren Kontakten auf einen Blick.

 Wenn Sie auf der Startseite die Neuigkeiten einer einzelnen Person ausblenden wollen, bewegen Sie den Mauszeiger über eine Meldung dieser Person und klicken auf das rechts erscheinende kleine × und den danach eingeblendeten Text ALLES VON PERSON XY AUSBLENDEN. Wenn Sie das erstmalig gemacht haben, erscheint links neben ANSICHT: ALLES ANZEIGEN ein neuer Menüpunkt AUSGEBLENDET. Über diesen können Sie jederzeit kontrollieren, welche Person Sie ausgeblendet haben, und dies wieder rückgängig machen.

Weitere Standards Ihrer Startseite wurden rund um die zentralen Neuigkeiten aus Ihrem Netzwerk herum angeordnet: eine waagerechte und eine senkrechte Menüleiste sowie einige ausgewählte Infoboxen im rechten Teil der Seite.

Die XING-Menüleisten

Die zentrale XING-Navigation finden Sie ganz oben auf der Seite. Die einzelnen Menüpunkte sind waagerecht angeordnet und selbsterklärend. Wenn Sie mit der Maus über einen der Menüpunkte fahren, öffnet sich das jeweilige Untermenü. Sobald Sie auf einen Menüpunkt klicken, erscheint das jeweilige Untermenü dauerhaft unterhalb des Hauptmenüs.

Am linken Rand jeder Seite befindet sich eine weitere, senkrecht angeordnete Menüleiste, die den Schnellzugriff auf häufig genutzte Bereiche der Plattform ermöglicht (siehe Abbildung 3.1).

Abbildung 3.1: Die Menüleiste für den Schnellzugriff auf häufig gebrauchte Plattformbereiche

Kleine Zahlen neben den einzelnen Buttons informieren Sie über Neuigkeiten im jeweiligen Bereich. (Die kleine Eins in Abbildung 3.1 informiert beispielsweise über eine neu eingegangene und noch nicht gelesene Nachricht.) Doch wofür genau stehen diese Buttons eigentlich?

✔ Die Sprechblase mit dem Sternchen weist Sie auf die neuesten Reaktionen zu Ihren XING-Aktivitäten hin. Hier erfahren Sie beispielsweise, wer eine Ihrer Statusmeldungen interessant fand oder einen Ihrer Gruppenbeiträge kommentiert hat.

✔ Der kleine Briefumschlag führt Sie zu den neu eingegangenen persönlichen Nachrichten, die andere XING-Mitglieder Ihnen gesendet haben.

✔ Die Einzelperson führt Sie zu den neuen Kontaktanfragen, die Sie von interessierten XING-Nutzern erhalten haben.

✔ Der Stuhl informiert Sie über Ihre laufenden Jobsuchanfragen (siehe Kapitel 10) und führt Sie zum Hauptmenüpunkt Jobs.

✔ Die drei Personen leiten Sie in den Bereich Gruppen. Hier bekommen Sie Informationen über die letzten Beiträge in den Gruppen, deren Mitglied Sie sind, und finden sämtliche erhaltenen Gruppen-Newsletter.

- ✔ Hinter dem Kalender-Symbol verbirgt sich der XING-Eventbereich: Hier finden Sie sämtliche Event-Einladungen, die Sie über die Plattform bekommen haben.

- ✔ Die kleinen Gebäude führen Sie zum Menüpunkt Unternehmen: Hier können Sie Ihr eigenes Unternehmensprofil verwalten oder die Neuigkeiten der von Ihnen abonnierten Unternehmensprofile nachlesen. (Mehr dazu erfahren Sie in Kapitel 6.)

- ✔ Das kleine Rädchen ganz unten in dieser Menüleiste führt Sie zu Ihren ganz persönlichen Einstellungen bei XING. Hier können Sie Ihre Rechnungen einsehen und downloaden, aber auch Ihr Passwort ändern und Ihre Privatsphäre steuern. Mehr zu diesem wichtigen Punkt lesen Sie in Kapitel 5.

- ✔ Über das kleine Reagenzglas gelangen Sie in die »XING Beta Labs« – hier können Sie neue Funktionen ausprobieren, bevor sie allen Nutzern zur Verfügung stehen.

Profilbesucher

Ganz oben rechts auf Ihrer XING-Startseite finden Sie eine weitere, für die professionelle XING-Nutzung relevante Infobox: Profilbesucher. Sobald Sie auf der Plattform aktiv werden – also beispielsweise Kontakte knüpfen, Gruppenbeiträge schreiben oder andere Profile ansehen –, erzeugen Sie Interesse an Ihrer Person und verzeichnen die ersten Besucher auf Ihrem Profil. All diese Besucher sind aus irgendeinem Grund auf Sie aufmerksam geworden – der Klick auf Alle Besucher und Statistiken am Ende der Infobox verrät Ihnen sogar in den meisten Fällen, was genau dieser Grund war. Neben Namen und Firma des Besuchers erfahren Sie an dieser Stelle nämlich auch, auf welchem Weg die betreffende Person zu Ihnen gefunden hat – beispielsweise über eine gezielte Suche, einen spannenden Gruppenbeitrag oder einen gemeinsamen Kontakt. Darüber hinaus sehen Sie hier, wie oft die betreffende Person Ihr Profil besucht hat und über welche gemeinsamen Kontakte sie verfügen. Über ein Auswahlmenü oben auf der Seite können Sie sogar prüfen, wer Ihre Portfolio-Seite angesehen oder zu Ihrer Firmen-Website gewechselt hat. Diese Information oder der Gegenbesuch auf dem Profil des anderen ergibt möglicherweise Anknüpfungspunkte für die Kontaktanbahnung – fragen Sie beispielsweise nach, was das Interesse des anderen geweckt hat oder was Sie gegebenenfalls für ihn tun können.

Sämtliche Informationen, die Sie an dieser Stelle erhalten, beziehen sich lediglich auf die letzten 90 Tage. Das gilt auch für die Statistiken am rechten Seitenrand: Hier erfahren Sie beispielsweise etwas über das Verhältnis von Erstbesuchern und Wiederkehrern sowie die Branchen und Unternehmen, aus denen Ihre Profilbesucher stammen.

Die ersten Kontakte knüpfen

Sie haben sich also erfolgreich bei XING angemeldet und über die grundlegenden Funktionen informiert. Damit Sie nun die Funktionen von XING auch nutzen und Neuigkeiten aus Ihrem Netzwerk erhalten können, müssen Sie sich zunächst ein solches Netzwerk aufbauen. Das geht am einfachsten und schnellsten, wenn Sie zunächst einmal Ihre bereits vorhandenen Freunde, Bekannten, Kollegen, Dienstleister und Geschäftspartner bei XING ausfindig machen und als Kontakt hinzufügen.

Kontakte in XING finden

Natürlich können Sie jetzt jeden Einzelnen von ihnen per Hand bei XING suchen, indem Sie den jeweiligen Namen in das Suchfeld oben auf der Seite eingeben. XING macht es Ihnen aber deutlich leichter und hilft Ihnen hier mit entsprechenden Tools auf die Sprünge. Versuchen Sie es beispielsweise einmal auf diesen Wegen:

✔ Der schnellste Weg zu neuen Kontakten führt über Ihr E-Mail-Konto. Wenn Sie mit einem Webmailer arbeiten, geben Sie einfach unter STARTSEITE|ANDERE ZU XING EINLADEN Ihre E-Mail-Adresse ein, und XING zeigt Ihnen, welche Ihrer Kontakte bereits bei XING vertreten sind. Selbstverständlich entscheiden Sie allein, welche dieser E-Mail-Kontakte Sie bei XING hinzufügen möchten.

✔ Sollten Sie nicht mit einem Webmailer arbeiten, finden Sie direkt darunter die Möglichkeit, die E-Mail-Kontakte aus Ihrem Adressbuch als csv, txt oder vcf hochzuladen und die gefundenen (und gewünschten) Personen schnell und einfach dem XING-Netzwerk hinzuzufügen.

✔ XING macht es Ihnen leicht und hat eine Vielzahl von Standardsuchen bereits voreingestellt. Diese finden Sie, wenn Sie in der senkrechten Menüleiste auf der linken Seite auf den Diamanten unterhalb Ihres Fotos klicken: Der Reiter MITGLIEDER ENTDECKEN eröffnet Ihnen eine ganze Welt von Kontaktmöglichkeiten. Für das Wiederfinden von Bekannten eignen sich hier besonders gut die Punkte DERZEITIGER und EHEMALIGE ARBEITGEBER und KÖNNTEN SIE KENNEN. Hier greift XING auf Ihr Profil zu und sucht nach Übereinstimmungen – so finden Sie beispielsweise XING-Mitglieder, die im selben Verband aktiv sind wie Sie, bei derselben Firma gearbeitet haben oder gemeinsame Bekannte mit Ihnen haben. Die Wahrscheinlichkeit ist hoch, dass Sie einen Teil der hier gefundenen Personen tatsächlich auch im realen Leben schon kennen.

✔ Und sollten Sie eine gesuchte Person tatsächlich einmal nicht finden, laden Sie diese doch einfach zu XING ein! Unter STARTSEITE|ANDERE ZU XING EINLADEN finden Sie ein Standardformular, in das Sie nur die E-Mail-Adresse und ein paar persönliche Worte eingeben müssen. Dieses Engagement lohnt sich: Jeder Eingeladene erhält als Willkommensgeschenk einen Premium-Monat gratis – und auch Sie selbst bekommen nach sieben erfolgreichen Einladungen einen Monat kostenlose Premium-Mitgliedschaft.

Kontakte bestätigen

Ein Kontakt gilt bei XING erst dann als hergestellt, wenn beide Seiten Ja dazu gesagt haben. Wie das funktioniert? Nehmen Sie an, Sie haben die gewünschte Person auf einem der weiter vorn in diesem Kapitel genannten Wege gefunden und das Profil der jeweiligen Person angeklickt. Rechts oben auf diesem Profil finden Sie den Button ALS KONTAKT HINZUFÜGEN, der Sie zu einem Formular führt, in dem Sie kurz und knapp begründen, warum Sie an einer Kontaktanbahnung interessiert sind oder was Sie gegebenenfalls für den anderen tun können.

Massen-Mails, Multi-Level-Marketing und Spam sind auf XING verboten und führen gegebenenfalls zum Ausschluss. Sie sollten also die jeweilige Person tatsächlich kennen oder sie zumindest persönlich ansprechen und einen Bezug zum Profil herstellen, bevor Sie sie kontaktieren. Wenn Sie unsicher sind: Versetzen Sie sich in die Lage des Empfängers und fragen Sie sich, wie Sie selbst auf den Erhalt Ihrer Kontaktanfrage reagieren würden.

Rechts neben dem Fenster für Ihren Kontakttext können Sie festlegen, welche Ihrer persönlichen Daten für den neuen Kontakt sichtbar gemacht werden, bevor Sie auf Als Kontakt hinzufügen klicken. Besonders wichtig ist hier der letzte Punkt: Eine Kontaktanfrage ist relativ sinnlos, wenn die betreffende Person Ihnen künftig keine persönlichen Nachrichten schreiben darf. Über den Button Als Standard speichern können Sie die soeben getroffene Auswahl speichern, sodass sie künftig bei allen neuen Kontaktanfragen automatisch gewählt wird.

Wenn Sie nun auf den grünen Button Als Kontakt hinzufügen klicken, bekommt der Adressat eine Kontaktanfrage zugestellt, die er bestätigen, ablehnen oder ignorieren kann. (Mehr über das Handling von Kontakten erfahren Sie in Kapitel 9.) Erst wenn Ihre Kontaktanfrage von der Gegenseite bestätigt wurde, sind Sie offiziell miteinander vernetzt und gelten als Direkte Kontakte beziehungsweise Kontakte ersten Grades.

Teil II

Selbstdarstellung auf XING

In diesem Teil ...

erfahren Sie, aus welchen Elementen Ihr XING-Profil besteht und wie Sie diese optimal und an Ihren spezifischen Zweck angepasst gestalten. Sie lernen, wie Sie Ihr Profil in Ihre sonstige Kommunikation einbinden und welche Möglichkeiten der Unternehmenspräsentation es auf der Plattform gibt.

Ihr XING-Profil 4

> **In diesem Kapitel**
> ✔ Die Bestandteile Ihres XING-Profils
> ✔ Optimale Nutzung von Foto, Statusmeldung und Co.
> ✔ Sinn und Zweck der Portfolio-Seite

Wie verhalten Sie sich, wenn Sie auf einer Party wahrgenommen und angesprochen werden wollen? Richtig: Sie putzen sich heraus und zeigen mit Ihrer Körpersprache, dass Sie offen für neue Begegnungen sind. Ganz ähnlich verhält es sich mit Ihrem XING-Profil: Je mehr Sie Ihre Vorzüge ins rechte Licht rücken, desto höher ist Ihre Erfolgswahrscheinlichkeit. Wie Sie das am besten machen, erfahren Sie in diesem Kapitel.

Der Aufbau Ihres XING-Profils

Das Wichtigste zuerst: Wo auch immer Sie sich auf XING befinden – über einen Klick auf Ihr Foto oben links gelangen Sie jederzeit ohne Umwege zu Ihrem persönlichen Profil. (Sollten Sie noch kein Foto hochgeladen haben, befindet sich an dieser Stelle der Schattenriss eines menschlichen Kopfes.) Und ganz rechts unten finden Sie Ihr Impressum – ob Ihr XING-Profil der Impressumspflicht unterliegt, entnehmen Sie § 5 des Telemediengesetzes.

Jedes Profil besteht aus einem Profilkopf und sieben Reitern auf der linken Seite, die Sie in Abbildung 4.1 sehen. Über den weißen Pfeil am rechten Reiter-Rand sehen Sie jederzeit, wo Sie sich gerade auf dem jeweiligen Profil befinden.

Abbildung 4.1: Die Bestandteile eines XING-Profils

Rollen wir das Ganze von hinten auf: Der Reiter AKTIVITÄTEN ist so etwas wie das Gegenstück zu den Neuigkeiten aus Ihrem Netzwerk auf der Startseite: Hier finden Sie sämtliche Aktivitäten wieder, die Sie auf der Plattform getätigt haben und die als Meldung an Ihre Kontakte herausgegangen sind. Welche Ihrer Profiländerungen oder Aktivitäten hier angezeigt werden, können Sie selbstverständlich steuern – mehr hierzu erfahren Sie anhand der Erläuterungen zur Privatsphäre in Kapitel 5.

 Wenn Sie nachträglich einzelne Ihrer Aktivitäten löschen möchten, bewegen Sie einfach die Maus über den jeweiligen Eintrag. In der rechten oberen Ecke erscheint dann ein kleines x, auf das Sie zum Löschen klicken.

Die Reiter EVENTS und GRUPPEN verschaffen Ihnen einen Überblick über die Gruppen, in denen Sie Mitglied sind, sowie über Ihre anstehenden und vergangenen XING-Events.

Hinter dem Reiter KONTAKTE verbergen sich alle Personen auf der Plattform, mit denen Sie vernetzt sind. Bei XING heißt das: Beide Seiten haben den Kontakt bestätigt.

Weitere Profile im Netz ist der richtige Platz für den Hinweis auf Ihre weiteren Webpräsenzen (beispielsweise bei Facebook, Pinterest oder Amazon). Wenn Sie ein Blog betreiben oder über einen Twitter-Account verfügen, können Sie diese hier mit Ihrem XING-Profil verknüpfen – jeder Blogbeitrag und jeder Tweet wird dann automatisch hier integriert.

Der Reiter Profildetails ist standardmäßig ausgewählt, wenn Sie Ihr (oder irgendein anderes) Profil anklicken. Ein vollständig ausgefülltes Profil besteht aus folgenden Elementen:

✔ Profilkopf: Neben Namen und Foto enthält dieser Teil Ihres XING-Profils Ihren akademischen Titel, Ihre Tätigkeits- und Firmenbezeichnung, Ihren beruflichen Status und den Ort Ihrer Geschäftstätigkeit. Über den Reiter Einstellungen auf der rechten Seite können Sie Ihre Privatsphäre steuern (siehe Kapitel 5), der Reiter Karrierewünsche bearbeiten spielt bei der Jobsuche in Kapitel 10 eine größere Rolle.

✔ Unter Ich suche und Ich biete ist ausreichend Platz für die stichpunktartige Darstellung Ihrer Kompetenzen. Versetzen Sie sich dabei in die Lage des Profilbesuchers: Welcher Nutzen und welche Anknüpfungspunkte könnten von Interesse sein? Wonach würde ein Interessent suchen?

✔ Der Bereich Berufserfahrung dient der Darstellung Ihres beruflichen Lebenslaufs.

✔ Unter die Punkte Ausbildung, Sprachen, Qualifikationen und Auszeichnungen gehören Ihre Berufsausbildung, Studiengänge, Sprachkenntnisse sowie weitere erworbene Qualifikationen und Preise.

✔ Unter REFERENZEN finden Empfehlungen anderer XING-Mitglieder ihren Platz. In Kapitel 5 gehe ich näher darauf ein.

✔ Ganz unten auf der Seite geben Sie Ihre privaten INTERESSEN an – ein bedeutsamer Punkt für die Anknüpfung von Neukontakten.

Das Profilfoto

Ihr letzter Urlaub war der Knaller? Sie sind furchtbar stolz auf Ihre Erstgeborene? Herzlichen Glückwunsch! Trotzdem gehören Strand- und Babyfotos nicht auf XING – schließlich handelt es sich hier um ein Businessnetzwerk. Entscheiden Sie sich für ein seriöses Foto, wenn Sie als kompetent und professionell wahrgenommen werden wollen – eine Bewerbung schmücken Sie ja auch nicht mit einem Foto aus dem letzten Skiurlaub.

XING gibt klare Regeln für das Hochladen von Profilfotos vor: Es sind ausschließlich Porträtfotos gestattet, die den Nutzer klar und deutlich erkennen lassen. Ein Firmenlogo im Hintergrund ist erlaubt – aber Ihr Gesicht muss eindeutig im Vordergrund stehen. Fotos von Tieren, fiktiven Figuren oder reine Werbeanzeigen werden vom XING-Support entfernt oder können im schlimmsten Fall zu einer Abmahnung durch die Konkurrenz führen.

Investieren Sie ein wenig Zeit und Mühe in ein professionell erstelltes Foto – schließlich geht es hier um Ihre berufliche Zukunft. Achten Sie bereits bei der Erstellung des Fotos darauf, dass Sie beim Fotografen nicht nur Papierabzüge, sondern auch die Nutzungsrechte für die Onlineverwendung erhalten! Das bei XING hochzuladende Bild muss als Grafikdatei (JPG, PNG, BMP oder GIF) vorliegen und darf nicht mehr als 20 MB groß sein.

Wie schnell und sorgfältig auch immer Sie Ihr XING-Profil ausfüllen – das Foto sollte gleich zu Beginn mit dabei sein! Profile mit Foto werden deutlich häufiger angeklickt als solche ohne. Versetzen Sie sich selbst einmal in die Rolle des Suchenden: Wen klicken Sie aus einer Vielzahl ähnlicher Angebote als Erstes an, die Person mit oder die ohne Foto? Menschen mögen den direkten Augenkontakt und bevorzugen es zu wissen, mit wem sie es zu tun haben.

Ihr Profilspruch

Direkt unter Ihrem Foto finden Sie im Profilkopf ein Eingabefeld für Ihren Profilspruch. Hier können Sie aktuelle Statusmeldungen platzieren, um wichtige Informationen zu verbreiten oder auf sich oder Ihr Angebot hinzuweisen – dafür stehen Ihnen 420 Zeichen zur Verfügung. Wenn Sie die entsprechenden Privatsphäre-Einstellungen vorgenommen haben, ist diese Form der Statusmeldung nicht nur für Profilbesucher lesbar, sondern fließt in die Neuigkeiten auf der Startseite all Ihrer Kontakte ein. Nehmen Sie also Rücksicht auf die Nerven Ihrer Leser und sorgen Sie dafür, dass Sie nicht wegen langweiliger Statusmeldungen von ihnen ausgeblendet werden!

Die »Portfolio«-Seite

Hier dürfen Sie Ihrer Kreativität freien Lauf lassen: Kein anderer Bereich Ihres XING-Profils lässt Ihnen so viel Freiraum wie die Portfolio-Seite. Und den sollten Sie auch nutzen: Seit dem Relaunch im Juli 2013 können Sie in den Privatsphäre-Einstellungen entscheiden, ob Profilbesucher zuerst Ihre Profildetails oder das Portfolio angezeigt bekommen – damit eröffnet die Portfolio-Seite ganz neue Möglichkeiten der Eigenwerbung (siehe Abbildung 4.2).

Portfolio   Etwas hinzufügen

Gestatten: Constanze Wolff, Brandstifterin.

Wirklich erfolgreich ist nur, wer mit ganzem Herzen agiert – das gilt für Sie genauso wie für mich. Denn nur, wenn Sie mich für Ihr Thema begeistern, fange ich Feuer – und kann mit diesem wiederum Ihre (potenziellen) Kunden und Kommunikationspartner anstecken. Meine Werkzeuge dazu heißen: Neugier, Leidenschaft und 26 Buchstaben. Was ich damit mache? Kommunikation und Coaching, die keinen kalt lassen. (Wer gerne hinter die Dinge schaut, klickt auch auf die Bilder!)

Als Texterin und PR-Beraterin

... bin ich seit Anfang 2001 für mittelständische Unternehmen, Agenturen und Freiberufler tätig. Vom Kundenmagazin bis zur Pressearbeit, vom einfachen Flyer bis zum kompletten Internetauftritt, von der Einzelmaßnahme bis zum komplexen PR-Konzept: In Sachen Kommunikation in Wort und Schrift ist mir nahezu nichts fremd. Wer das ebenfalls für sich behauptet (oder behaupten möchte), bucht meinen Fernlehrgang "PR-Fachkraft" bei der Fernstudienakademie.

Abbildung 4.2: Optimal genutzte Portfolio-Seite

Und wie kommen Sie nun an eine solche Seite? Dazu klicken Sie in dem entsprechenden Bereich Ihres Profils zunächst auf den Button Etwas hinzufügen. Im nächsten Schritt entscheiden Sie, ob Sie ein Textmodul, ein Bild oder ein PDF (zum Download) hochladen möchten. Es spielt keine Rolle, in welcher Reihenfolge Sie die Bestandteile Ihres Portfolios anlegen: Sämtliche Module lassen sich im Nachhinein mit der Maus hin- und herschieben.

✔ **Textmodule** bestehen aus einer maximal 50 Anschläge langen Überschrift und einem formatierbaren Fließtext. Über das kleine »i« neben dem entsprechenden Eingabefeld, erfahren Sie, wie Sie einen klickbaren Link einfügen oder den Text Ihren Wünschen entsprechend formatieren.

✔ Beim Hochladen eines **Bildes** von Ihrem Rechner entscheiden Sie sich zunächst für einen Bildausschnitt, der auf der Portfolio-Seite angezeigt werden soll, und geben dann eine Bildunterschrift ein. Im fertigen Portfolio wird dann zunächst der Bildausschnitt angezeigt. Wer mit der Maus darüber fährt, bekommt den dazugehörigen Text eingeblendet. Erst über einen Klick auf den Bildausschnitt wird das komplette Motiv inklusive Text angezeigt.

✔ Ganz ähnlich verhält es sich mit einem **PDF**: Geben Sie eine aussagekräftige Überschrift ein und stellen Sie Arbeitsproben, Lebenslauf oder Projektdokumentationen zum Download zur Verfügung.

Verwenden Sie ausschließlich Bilder, deren Nutzungsrechte bei Ihnen liegen! Wenn Sie einfach irgendwelche Bilder aus dem Internet benutzen, riskieren Sie eine Abmahnung beziehungsweise saftige Geldstrafen.

Mit ein bisschen Fantasie sind die Einsatzmöglichkeiten für diesen Bereich Ihres XING-Profils nahezu unbegrenzt:

✔ Existenzgründer ohne Budget für eine eigene Website können das Portfolio als eine Art Miniwebsite nutzen. Dazu genügt eine einfache Umleitung von der eigenen Domain www.firmenname.de auf die URL der Portfolio-Seite.

✔ Sie sind auf der Suche nach einer neuen Herausforderung? Dann gestalten Sie Ihre Portfolio-Seite wie eine Initiativbewerbung – inklusive Lebenslauf, Projektbeschreibungen und/oder Referenzen.

✔ Für freischaffende Künstler, Grafiker, Fotografen oder Webdesigner bietet sich die visuelle Präsentation eigener Arbeiten auf dieser Seite an.

✔ Freiberufler können hier ihr Leistungsangebot, Produktabbildungen oder ausführliche Angaben zur Person platzieren.

Bei der XING-Suche wird auch die Portfolio-Seite mit durchsucht – jeder Begriff, den Sie hier unterbringen, aktiviert also auch die Suchmaschinen!

Vernetzte Kommunikation – in und aus XING

In diesem Kapitel

- ✔ Ihr XING-Profil mit anderen Webseiten vernetzen
- ✔ Externe Links an Ihr XING-Netzwerk empfehlen
- ✔ XING-Kontakte exportieren
- ✔ Referenzen geben und empfangen
- ✔ Ihre Privatsphäre schützen

Stellen Sie sich vor, Ihr XING-Profil ist eine Insel. Sie kann wunderschön sein, mit den prächtigsten Blüten und Früchten ausgestattet oder das perfekte Urlaubsziel – dennoch wird niemand davon erfahren, wenn es keine Verbindung zu dieser Insel gibt. Brücken, Fähren, Flugzeuge oder wenigstens regelmäßige Funksprüche oder Postkarten vernetzen Ihre kleine Insel mit der Welt, innerhalb und außerhalb von XING.

In Kapitel 4 haben Sie einige Einsatzmöglichkeiten für die Portfolio-Seite kennengelernt – darunter auch die Variante, diesen Teil Ihres XING-Profils als eine Art Miniwebsite zu nutzen. Damit haben Sie schon eine erste Möglichkeit der Vernetzung mit der Außenwelt kennengelernt: Eine schlichte Umleitung lenkt Besucher Ihrer privaten Website auf Ihr XING-Profil. Doch welche Möglichkeiten der Vernetzung haben Sie darüber hinaus?

XING-Buttons

Nehmen wir an, Sie haben bereits eine Website (oder ein Blog oder eine andere Internetpräsenz). Dann stellt XING Ihnen eine komfortable Möglichkeit zur Verfügung, an diesen Stellen auf Ihr XING-Profil hinzuweisen: Klicken Sie einfach ganz unten auf der XING-Website auf Nützliches|Downloads und dort dann oben auf den Reiter XING Profil-Logos. Aus der Vielzahl der zur Verfügung stehenden Buttons wählen Sie einfach Ihren Liebling aus – der dazugehörige Code steht direkt daneben. Buttons dieser Art können Sie an beliebiger Stelle im Internet – oder auch in Ihrer E-Mail-Signatur – integrieren und den Nutzer so mit einem Klick auf Ihr XING-Profil führen.

Das XING-Bookmarklet

Ebenfalls unter Nützliches|Downloads, aber unter dem Reiter XING-Widgets, verbirgt sich das sogenannte XING-Bookmarklet. Dabei handelt es sich um einen kleinen Button, der in die Lesezeichenleiste Ihres Browsers integriert wird und mit dem Sie interessante Artikel, Bilder oder Videos, die Sie im Internet finden, ganz einfach Ihren XING-Kontakten empfehlen können. Das Ergebnis erscheint bei Ihren Kontakten auf der Startseite und sieht beispielsweise so wie in Abbildung 5.1 aus.

Heinz W. Warnemann empfiehlt folgenden Link:

Whitepaper: XING- und LinkedIn-Unternehmensprofile...

In sieben Schritten zum Erfolg in XING und LinkedIn mit dem Whitepaper: XING- und LinkedIn-Unternehmensprofile optimal nutzen

Abbildung 5.1: Linkempfehlung mithilfe des XING-Bookmarklets

Doch wie genau produzieren Sie so eine Meldung? Stellen Sie sich vor, Sie surfen gerade in den Weiten des WWW und entdecken eine Seite, ein Video oder einen Beitrag, der für Ihre XING-Kontakte von Interesse sein könnte. Wenn Sie das XING-Bookmarklet installiert haben, finden Sie in der Lesezeichenleiste Ihres Browsers einen Button, der Auf XING EMPFEHLEN heißt. Wenn Sie sich auf der zu empfehlenden Seite befinden und auf diesen Button klicken, öffnet sich ein neues Fenster in Ihrem Browser: Hier geben Sie einen kurzen Kommentar zu dem von Ihnen empfohlenen Link ein und wählen aus, ob das Ganze auch gleich via Twitter rausgehen soll. Noch ein Klick auf MITTEILEN, und fertig ist der Tipp an Ihre XING-Kontakte!

XING-Kontakte exportieren

In Kapitel 3 beschreibe ich, wie Sie bereits bestehende Kontakte auf XING wiederfinden. Selbstverständlich gibt es auch den umgekehrten Weg: Ihre XING-Kontakte lassen sich mit wenigen Klicks als vCard exportieren. Je nachdem, wie viele Kontakte Sie exportieren wollen, stehen Ihnen dazu drei verschiedene Möglichkeiten zur Verfügung:

Einen einzelnen Kontakt exportieren

Dazu gehen Sie auf STARTSEITE|KONTAKTE und suchen die jeweilige Person raus. Das geht – je nach Menge der Kontakte, die Sie bereits haben – über die Buchstabenleiste oben auf der Seite oder über das Suchfeld auf der rechten Seite. Wenn die gewünschte Person in der Listenansicht angezeigt wird, klicken Sie rechts oben auf den Button MEHR|VCARD HERUNTERLADEN, und innerhalb weniger Sekunden erhalten Sie die gewünschte Datei.

Aber auch wenn Sie sich bereits auf der Profilseite eines Kontakts befinden, können Sie jederzeit seine Daten exportieren. Und das geht so: Rechts oben auf jeder Profilseite finden Sie den Reiter KONTAKTDATEN, der auch einen Button VCARD HERUNTERLADEN enthält.

Eine Gruppe von Kontakten exportieren

Nehmen wir an, Sie planen einen Besuch in Hamburg und wollen vorher die Daten aller Ihrer in Hamburg ansässigen Kontakte exportieren. In diesem Fall geben Sie in dem Suchfeld auf der Seite STARTSEITE|KONTAKTE einfach den Suchbegriff »Hamburg« ein – schon werden Ihnen sämtliche Hamburger Kontakte in übersichtlicher Listenform angezeigt. Wenn Sie nun rechts oben auf KONTAKTE ALS VCARD EXPORTIEREN klicken, werden Ihnen nur die Kontaktdaten der so ausgewählten Personen zugemailt. Selbstverständlich können Sie hier auch andere Suchbegriffe als den Städtenamen eingeben, um Ihre Auswahl zu treffen – so lassen sich beispielsweise sämtliche Personen heraussuchen, die einen bestimmten, für Sie relevanten Schlüsselbegriff in ihrem Profil verwenden. Das Ergebnis des daraus folgenden Datenexports ermöglicht eine sehr spezifische Nutzung der gewonnenen Daten.

Wenn Sie Ihre Kontakte in verschiedene Kategorien unterteilt haben, können Sie hier auch nach diesen Kategorien selektieren. Wie Sie eine solche Kategorisierung vornehmen, erfahren Sie in Kapitel 9.

Sämtliche XING-Kontakte mit Microsoft Outlook synchronisieren

Mit dem »XING Connector für Microsoft Outlook« bietet XING Ihnen ein nützliches (und kostenloses) Plugin zum Export Ihrer XING-Kontakte. Der Clou dabei: Einmal installiert und mit XING verbunden, aktualisieren die Daten in Outlook sich automatisch, sobald einer Ihrer Kontakte etwas an seinen Daten ändert.

Sie finden das Plugin ganz unten auf der XING-Seite unter NÜTZLICHES|DOWNLOADS. Nachdem Sie den XING Connector installiert haben, verraten Sie ihm Ihre XING-Zugangsdaten, und schon beginnt er mit dem Import der Daten in Outlook. In einem neuen Ordner mit dem Namen »XING« finden Sie schon kurz darauf alle Ihre XING-Kontakte wieder.

 Einen kleinen Wermutstropfen gibt es: Bereits in Outlook vorhandene Kontakte werden nicht erkannt – es entstehen also möglicherweise Dubletten, die von Hand bereinigt werden müssen.

Lob geben und genießen

Sie waren zufrieden mit der Arbeit eines Kooperationspartners oder Dienstleisters? Dann sagen Sie es ihm! Die Referenzen auf XING sind eine wunderbare Möglichkeit, sich in Erinnerung zu rufen und zu bedanken. Voraussetzung dafür ist, dass Sie mit der betreffenden Person auf XING vernetzt sind.

Wenn Sie das Profil der zu lobenden Person aufrufen, finden Sie gleich an zwei Stellen die Möglichkeit, eine Referenz zu geben:

1. Rechts oben auf der Seite befindet sich unterhalb der KONTAKTDATEN der Button MEHR – hier finden Sie den Menüpunkt REFERENZ SCHREIBEN.
2. Unter den Profildetails Ihres Kontakts finden Sie einen Menüpunkt REFERENZEN – dort können Sie sich die Referenzen der jeweiligen Person ansehen oder selber eine geben.

Referenzen können nur abgelehnt, aber nicht inhaltlich verändert werden. Sie können sich also darauf verlassen, dass sämtliche Referenzen auf XING vom Urheber auch genau so gemeint sind (siehe Abbildung 5.2).

Thomas Böhmer-Niehaus
Coach, Berater, Offizieller
XING-Trainer www.p2b-coach.de
Coach für Persönlichkeit im
Business | Gründercoaching
Deutschland (KfW)

Empfehlungsschreiben:
"Constanze Wolff hat ein bemerkenswertes Gespür für das Wesentliche im Angebot Ihrer Kunden. Sie fragt hartnäckig nach, bis sie den Schlüssel zur der/den Kernbotschaft(en) gefunden hat. Ihre Texte zeichnen sich immer durch einen konsequenten roten Faden aus und kommen klar auf den Punkt - unabhängig davon, ob sie technische Zusammenhänge verständlich macht oder die Persönlichkeit des Kunden auf einer Website oder Über-mich-Seite charmant zur Geltung bringt. Hut ab!" » einklappen 10.02.2010

Referenz verbergen · Referenz löschen · Referenz geben

Abbildung 5.2: Beispiel für eine Referenz auf XING

Sicherlich haben Sie es bereits entdeckt: Sie können auch eine Referenz bei Ihren Kontakten anfragen. Ich halte es dabei jedoch mit dem alten Networking-Gesetz »First give, then take« (»Erst geben, dann nehmen«) – wenn Sie anderen regelmäßig und authentisch Ihre Anerkennung zukommen lassen, werden die ersten Referenzen für Sie ganz automatisch folgen. (Diese finden Sie dann in Ihrem Profil unter REFERENZEN.)

Offen, aber sicher: Ihre Privatsphäre-Einstellungen

Alles, was Sie bis jetzt in diesem Buch gelesen haben, dient nur einem Ziel: Sie wollen gefunden, kontaktiert, gelesen, angestellt oder gebucht werden. Damit das durch die richtigen Menschen geschieht, sind die Privatsphäre-Einstellungen für Ihr Profil von großer Bedeutung. Mit diesen Einstellungen wird Ihre Insel zwar mit der Außenwelt verbunden, aber sie kann nicht von Piraten erobert werden.

Eines vorab: XING respektiert den Datenschutz und die Privatsphäre seiner Nutzer, Sie haben jederzeit die volle Kontrolle darüber, wer was von Ihnen wo sehen kann (oder soll). Egal, wo Sie sich auf der Plattform befinden – über das kleine Rädchen links unten in der Menüleiste oder rechts oben auf Ihrem Profil gelangen Sie zu Ihren Privatsphäre-Einstellungen.

Ihre Profildaten

Wer nicht mit Ihnen vernetzt ist, sieht auf XING nur Ihren Unternehmensstandort, alle weiteren Angaben (wie Straße, Hausnummer, Telefonnummern oder E-Mail-Adressen) sehen nur Ihre direkten Kontakte. Es gibt keine Möglichkeit, Ihre Kontaktdaten grundsätzlich für alle freizugeben, sodass dies auch nicht versehentlich passieren kann.

 Wenn Sie Ihre Handynummer oder Ähnliches für sämtliche Profilbesucher sichtbar machen wollen, integrieren Sie diese Information entweder in Ihre Portfolio-Seite oder nutzen ein anderes Feld unter PROFILDETAILS dafür.

Über das bereits erwähnte kleine Rädchen gelangen Sie zum Reiter PRIVATSPHÄRE. An dieser Stelle entscheiden Sie über einen Klick auf BEARBEITEN, welche Ihrer Profildaten für wen sichtbar sein sollen.

- ✔ **Soll Ihr Profil auch für Nicht-XING-Mitglieder abrufbar sein?** Meine Antwort ist hier ein klares Ja. Schließlich wollen Sie mit Ihrem Angebot gefunden werden – überall im Netz.

- ✔ **Soll Ihr Profil in Suchmaschinen gefunden werden können?** Auch hier plädiere ich für ein Ja – jedes Schlüsselwort in Ihrem XING-Profil kann so Ihr Suchmaschinenranking verbessern.

- ✔ **Sollen Ihre Gruppenbeiträge in Suchmaschinen gefunden werden können?** Hier ist mein Ja schon nicht mehr ganz so eindeutig. Wenn Sie sich in öffentlichen XING-Gruppen auch über private Themen austauschen, möchten Sie möglicherweise nicht über Suchmaschinen mit jedem dieser Beiträge in Zusammenhang zu bringen sein. Wichtig zu wissen: Wenn Sie diese Option deaktivieren, sind Sie in Antworten auf Ihre Beiträge nicht zitierfähig. (Auf diese Weise kann niemand anderes (dessen Beiträge über Suchmaschinen auffindbar sind) Sie mit einem solchen Zitat dann doch mit dem privaten Thema in Zusammenhang bringen.)

- ✔ **Für wen soll Ihre Kontaktliste sichtbar sein?** Hier können Sie zwischen verschiedenen Graden der Privatsphäre entscheiden – von »niemand« bis »alle Mitglieder«. Sicherlich gibt es gute Gründe, warum jemand seine Kontakte nicht sichtbar machen möchte, beachten Sie dabei allerdings Folgendes: Wenn sämtliche XING-Mitglieder ihre Kontakte abschirmen würden, würde das komplette Prinzip von XING ad absurdum geführt. Letztlich geht es unter anderem darum, die Kontakte zweiten Grades zu nutzen und über gemeinsame Bekannte neue Kontakte zu machen – das funktioniert natürlich nicht mehr, wenn ich diese nicht einsehen kann.

- ✔ **Wer darf Ihnen Nachrichten schreiben?** Auch hier lautet mein klares Plädoyer: »alle Mitglieder«. Sie wollen gefunden und angesprochen werden – was bringt es Ihnen, wenn man Ihnen keine Nachricht schreiben darf?

- ✔ **Für wen soll der Bereich Aktivitäten auf Ihrem Profil sichtbar sein?** Meine Empfehlung lautet »alle Mitglieder« – mit der bereits bekannten Begründung: Sie wollen wahrgenommen werden.

- ✔ **Wer darf Ihr Portfolio einsehen?** Ein weiteres Mal lautet meine Antwort »alle Mitglieder«. Außerdem können Sie an dieser Stelle festlegen, ob das Portfolio Ihren Profilbesuchern als Erstes angezeigt werden soll.

- ✔ **Möchten Sie Ihren Aktivitäts-Index auf dem Profil anzeigen lassen?** Im Kopf Ihres XING-Profils sehen Sie den sogenannten »Aktivitäts-Index«, der Profilbesuchern die Intensität Ihrer XING-Nutzung anzeigt. Je weniger Sie XING benutzen, desto weiter sinkt der Aktivitäts-Index ab. Falls Sie also noch ganz am Anfang sind und Ihr Index nur zehn oder 20 Prozent zeigt, lassen Sie ihn besser nicht anzeigen. Andere XING-Nutzer schließen von diesem Wert auf Ihr Nutzungsverhalten und gehen davon aus, dass Sie beispielsweise so selten online sind, dass Sie auf eine persönliche Nachricht überhaupt nicht antworten würden.

Wer erfährt was? – Neuigkeiten für Ihr Netzwerk

Erinnern Sie sich noch an Kapitel 3? Dort haben Sie erfahren, wie Sie die Neuigkeiten aus Ihrem Netzwerk auf der Startseite filtern können. Umgekehrt funktioniert das natürlich auch: Sie allein entscheiden, welche Ihrer Aktivitäten als Neuigkeit auf der Startseite Ihrer Kontakte erscheinen. Auch das geht über das Rädchen EINSTELLUNGEN, RECHNUNGEN & KONTEN und den Reiter PRIVATSPHÄRE. Klicken Sie im unteren Teil dieser Seite einfach auf den BEARBEITEN-Button neben IHRE AKTIVITÄTEN und entscheiden Sie selbst, über welche Ihrer Aktivitäten Sie Ihre Kontakte informieren wollen.

Mit ein bisschen Überlegen fallen Ihnen sicherlich einige Möglichkeiten ein, diese Form der Kommunikation zu Selbstmarketingzwecken zu nützen. Bitte beachten Sie dabei immer: Wer seine Kontakte dauerhaft mit zu vielen oder irrelevanten Informationen nervt, läuft Gefahr ausgeblendet zu werden – Sie erfahren das nicht, werden aber einfach nicht mehr zur Kenntnis genommen. Fragen Sie sich also vor jeder Profiländerung und Aktivität immer, ob Sie diese Neuigkeiten umgekehrt selbst lesen wollen würden oder ob Sie sie für eigentlich überflüssig halten. Einige Beispiele für spannende Aktivitäten sind:

✔ Profilsprüche, die wirklich interessante Neuigkeiten verbreiten

✔ Ihr neues Profilfoto

✔ der Verkauf Ihrer Eigentumswohnung unter ICH BIETE

✔ Ihr Stellenwechsel

- eine Erweiterung Ihres Angebots, die Sie durch einen entsprechenden Beitrag unter Ich biete verkünden
- die Änderung Ihrer Telefonnummer
- ein neues, von Ihnen veröffentlichtes Jobangebot
- und vieles mehr, das Ihnen mit ein bisschen Fantasie bestimmt einfallen wird

Sie sehen: Bei und mit XING haben Sie jederzeit die volle Kontrolle über Ihre Daten. Niemand erfährt Dinge über Sie, die Sie nicht verbreiten wollen – und niemand wird mit Dingen behelligt, die er nicht erfahren will.

Neugierige haben es bereits entdeckt: Unter Gruppen können Sie in den Privatsphäre-Einstellungen entscheiden, welche Ihrer Gruppen auf Ihrem Profil angezeigt werden sollen – möglicherweise ist nicht jedes Ihrer Hobbys öffentlichkeitskompatibel!

Ihr Unternehmen auf XING 6

> **In diesem Kapitel**
> ✔ Aufbau und Pflege eines Unternehmensprofils
> ✔ Sinn und Zweck von Enterprise Groups
> ✔ Ihre Werbemöglichkeiten auf XING

Einen ausführlichen Überblick über die Möglichkeiten und Grenzen der Selbstdarstellung auf und mit XING erhalten Sie in Kapitel 4. Doch nicht nur Einzelpersonen, sondern auch Unternehmen haben die Möglichkeit, sich auf XING zu präsentieren. Warum sie das tun sollten?

✔ Weil Mitarbeiter mit jedem neuen Profil, in dem der Unternehmensname vorkommt, auch etwas über das Unternehmen aussagen. Eine aussagekräftige Unternehmensdarstellung kann das so entstehende Bild komplettieren.

✔ Weil XING Ihnen damit einen weiteren und leicht zu bedienenden Weg bietet, Kunden und Interessenten auf dem Laufenden zu halten.

✔ Weil viele Schulabgänger und Hochschulabsolventen XING für die Jobsuche nutzen – hier besteht also die Möglichkeit, sich als attraktiver Arbeitgeber zu positionieren.

✔ Weil XING interessante Werbemöglichkeiten für Unternehmen bietet – über 14 Millionen Mitglieder sind eine nicht zu unterschätzende Zielgruppe.

Das wichtigste Instrument dafür sind die sogenannten Unternehmensprofile.

Unternehmensprofile

Unter dem Menüpunkt UNTERNEHMEN haben Sie die Möglichkeit, aktuelle Informationen interessanter Firmen zu abonnieren – oder Ihr eigenes Unternehmen so spannend darzustellen, dass andere XING-Nutzer Ihre Neuigkeiten abonnieren. Und wie das Ganze dann aussehen kann, sehen Sie in Abbildung 6.1.

Abbildung 6.1: Das XING-Unternehmensprofil der Deutschen Lufthansa AG

Selbst dieser kleine Ausschnitt zeigt sehr deutlich, welche Möglichkeiten eine Unternehmensdarstellung auf XING birgt:

- ✔ Logo und Headergrafik sorgen für eine unverwechselbare Optik im Corporate Design.

- ✔ Sämtliche bei XING registrierten Lufthansa-Mitarbeiter werden unter diesem Profil zusammengeführt. Neue Mitarbeiter können sich über den Button auf der rechten Seite (ARBEITEN SIE HIER?) mit dem Unternehmensprofil verknüpfen.

- ✔ Auch alle Abonnenten werden in einem gesonderten Bereich aufgeführt – das sind diejenigen Personen, die auf den Button NEUIGKEITEN ABONNIEREN geklickt haben und künftig keine Lufthansa-News mehr verpassen wollen und werden. Sie werden über die Neuigkeiten auf ihrer Startseite über jedes Firmen-Update informiert.

- ✔ Direkt unter dem Button NEUIGKEITEN ABONNIEREN haben Mitarbeiter die Möglichkeit, ihren Arbeitgeber zu bewerten. Hier findet eine Verknüpfung mit der Arbeitgeber-Bewertungsplattform *kununu* statt, deren firmenspezifische Inhalte in einem eigenen Reiter oben im Unternehmensprofil dargestellt werden.

- ✔ In einem weiteren Reiter befinden sich die aktuell bei XING veröffentlichten Stellenangebote der Lufthansa.

- ✔ Beiträge im Unternehmensprofil (NEUIGKEITEN genannt) können kommentiert, empfohlen oder als »Interessant« markiert werden. So verbreiten sie sich schnell und effektiv über die Plattform.

Bei diesem Beispiel handelt es sich um ein sogenanntes »Employer Branding-Profil«, das ab 395 Euro im Monat erhältlich ist. Darüber hinaus gibt es noch ein Gratisprofil, das einige der Grundfunktionen des Employer Branding-Profils bietet.

Welches das richtige Profil für Ihren Bedarf ist und wie Sie dazu kommen, erzählt XING Ihnen am besten in einem persönlichen Beratungsgespräch. Über einen Klick auf UNTERNEHMEN|UNTERNEHMENSPROFIL ANLEGEN|INFORMATIONEN ANFORDERN erhalten Sie den entsprechenden Input. Unter `helpify.de/xing-unternehmensprofile` hat XING sogar eine eigene Informationsseite zum Thema eingerichtet.

Nach der Aktivierung gilt es, Ihr neues Unternehmensprofil auf XING bekannt zu machen. Dazu stehen Ihnen viele Möglichkeiten zur Verfügung:

✔ In jedem Firmenprofil finden Sie rechts oben den Button UNTERNEHMEN EMPFEHLEN – nutzen Sie ihn (und fordern Sie auch Ihre Kollegen/Mitarbeiter dazu auf).

✔ Weisen Sie auch außerhalb von XING auf Ihr Unternehmensprofil hin – beispielsweise auf Ihrer Website, in Ihrem Blog oder Ihrer E-Mail-Signatur.

✔ Schreiben Sie Neuigkeiten, die so interessant sind, dass sie von Ihren Abonnenten weiterempfohlen werden – so verbreitet sich Ihr Profil auf XING.

✔ Platzieren Sie Ihr Unternehmensprofil in der rechten Spalte der Unternehmensstartseite unter TOP-UNTERNEHMEN. Über eine E-Mail an `unternehmensprofile@xing.com` erhalten Sie hierzu ein individuelles Angebot.

Enterprise Groups

Ebenfalls sehr individuell sind die sogenannten »XING Enterprise Groups«. Dabei handelt es sich um Gruppen, die von Unternehmen, Organisationen oder Hochschulen betrieben werden und beispielsweise so aussehen wie die Enterprise Group von O_2 Business in Abbildung 6.2.

Abbildung 6.2: Die Enterprise Group von O_2 Business

Enterprise Groups werden aus verschiedensten Gründen eröffnet, einige davon finden Sie hier:

✔ Die Gruppe fördert den Wissensaustausch und die Vernetzung mit Ihren (potenziellen) Kunden.

✔ Sie positionieren sich als attraktiver Arbeitgeber und bleiben in Kontakt mit vielversprechenden Talenten.

✔ Eine Enterprise Group schafft Aufmerksamkeit für eine Marke.

- ✔ Veranstaltungen lassen sich einfach über das XING-Event-Tool abwickeln.
- ✔ Über die Privatsphäre-Einstellungen der Gruppe haben Sie jederzeit die Kontrolle darüber, wer mitliest und -diskutiert.
- ✔ Design und Inhalte der Gruppe lassen sich individuell gestalten.
- ✔ XING unterstützt Sie mit Gruppenstatistiken und Webtracking.
- ✔ Betreiber einer Enterprise Group erhalten eine eigene Microsite im individuellen Design und mit eigener XING-Domain wie Sie in Abbildung 6.3 sehen können.

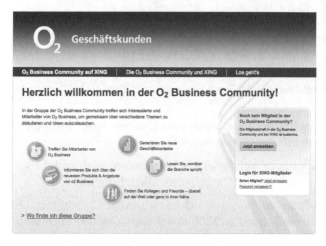

Abbildung 6.3: Die Microsite o2business.xing.com

Das Betreiben einer Enterprise Group ist kostenpflichtig – der Preis wird individuell zwischen Ihnen und dem XING-Team vereinbart. Lassen Sie sich nur auf eine Enterprise Group ein, wenn Sie über die personellen Ressourcen dazu verfügen – nichts ist schlimmer als eine schlecht gepflegte Webpräsenz!

Werben auf XING

Knapp die Hälfte der XING-Nutzer sind Business-Professionals – mit der Platzierung Ihrer Werbung erreichen Sie die Zielgruppe der Fach- und Führungskräfte also mit minimalen Streuverlusten. XING bietet Ihnen viele Formen der Werbung, die Sie im Folgenden näher kennenlernen.

Wöchentlicher Newsletter

90 Prozent aller XING-Mitglieder in Deutschland, Österreich und der Schweiz erhalten den wöchentlichen Newsletter. Die Öffnungsrate von 20 Prozent beweist seine hohe Relevanz für die Empfänger – unter anderem aufgrund der sonst nicht für Basis-Mitglieder einsehbaren Informationen zu den letzten Besuchern des eigenen Profils. XING stellt Ihnen hier 350 × 170 Pixel für die Präsentation Ihres Unternehmens zur Verfügung.

Display Advertising

Grundsätzlich erscheint pro XING-Seite nur eine einzige Werbeeinblendung – die ungeteilte Aufmerksamkeit Ihrer Zielgruppe ist Ihnen also garantiert.

Neben normalen Banner-Anzeigen haben Sie die Wahl zwischen folgenden Formaten:

- ✔ Der **Flash Layer** legt sich in einem eigenen Fenster über die Seite, nachdem der Nutzer eine Nachricht versendet hat.
- ✔ Die **Maxi Ad XL** ist ein Spot, der nach dem Login oder Logout eingeblendet wird.
- ✔ Die **Medium Rectangle**-Variante wird entweder fix auf einer Seite platziert oder rotiert durch verschiedene Seiten.
- ✔ **Wallpaper** oder **Billboard (Spot)** sind für ausgewählte Kunden auf Tagesbasis buchbar und bei jedem Startseitenaufruf sämtlicher Basis-Mitglieder zu sehen.

Außerdem haben Sie die Möglichkeit, exklusive Angebote für XING-Nutzer auf der Plattform zu platzieren oder in der XING-App zu werben. Ausführliche Informationen dazu finden Sie online unter `http://downloads.fuer-dummies.de` im Bonuskapitel.

Teil III

So bekommen Sie, was Sie wollen

In diesem Teil ...

erfahren Sie, welche verschiedenen Möglichkeiten Ihnen zur Verfügung stehen, um bei XING immer genau das zu finden, was Sie gerade benötigen. Sie lernen, wie Sie eine XING-Gruppe optimal nutzen, sich als Experte positionieren oder einen Experten für Ihr Unternehmen finden. Auch die Neukundenakquise und das professionelle Kontaktmanagement mit XING kommen nicht zu kurz.

XING als Informationsquelle 7

In diesem Kapitel
✔ Aufbau und Nutzung von Gruppen
✔ Mit Mitgliederumfragen vorhandenes Fachwissen nutzen

Was machen Sie, wenn Sie einen guten Steuerberater, eine witzige Geschenkidee für Ihre Schwester oder eine branchenspezifische Website suchen? Die meisten von uns verlassen sich lieber auf geprüftes Wissen als auf ihre eigenen Recherchefähigkeiten. Was der beste Freund, Kollege oder Branchenkenner empfiehlt, kann so schlecht nicht sein – also fragen wir üblicherweise in unserem privaten oder beruflichen Umfeld nach, wenn wir auf der Suche nach spezifischen Informationen sind. Mit XING erweitern Sie dieses Umfeld um bis zu 14 Millionen Menschen – wenn Sie wissen, wie Sie an deren Know-how herankommen können.

Die XING-Gruppen

Der Ort auf XING, an dem Informationen am freizügigsten ausgetauscht werden, sind die sogenannten »Gruppen«. Es gibt mehr als 50.000 davon – in einigen kommen Menschen zusammen, die in derselben Branche arbeiten und den fachlichen Austausch suchen, in anderen treffen sich Leute, die in derselben Region leben oder ein gemeinsames Hobby teilen. Neben den »normalen« Gruppen gibt es drei Kategorien von offiziellen XING-Gruppen, die sich oftmals durch ihre Größe und/oder die Qualität des Austauschs von den anderen Gruppen abheben und mit speziellen farbigen Logos hervorgehoben werden: Regional-, Branchen- und Hochschul-Gruppen.

- Bei den offiziellen XING-Regional-Gruppen (auch »Ambassador-Gruppen« genannt) handelt es sich um sehr große und aktive Regional-Gruppen, die regelmäßig »offizielle XING-Events« organisieren. Das können Vortragsveranstaltungen oder Networking-Partys sein – in jedem Fall geht es immer darum, bestehende Kontakte in der Region zu vertiefen oder neue anzubahnen.

- Die offiziellen XING-Branchen-Gruppen (auch »Xpert Ambassador-Gruppen« genannt) sind branchenspezifische Gruppen, die von sogenannten »Xpert Ambassadors« moderiert werden und Menschen mit einem spezifischen Branchenfokus zusammenbringen. Sowohl in den Foren als auch bei fachspezifischen Events tauschen sich Tausende von Fachleuten zu einem spezifischen Thema aus.

- Die offiziellen XING-Hochschul-Gruppen sind offizielle Präsenzen der jeweiligen Hochschule. Sie richten sich an Studierende, Mitarbeiter und Alumni und bilden die Schnittstelle zwischen Studium und Berufswelt.

Die richtigen Gruppen finden

Doch wie finden Sie in der Flut von Gruppen nun diejenigen, die für Sie relevant sind? Sich einfach mal unter dem Menüpunkt GRUPPEN umzusehen, ist in etwa so Erfolg versprechend, wie in eine Universitätsbibliothek zu gehen und »einfach mal nach etwas zum Lesen« zu suchen. Sie kommen dort deutlich schneller zum Ziel, wenn Sie sich vorher überlegen, was genau Sie suchen: Bevorzugen Sie Krimis, suchen Sie nach einem China-Kochbuch oder recherchieren Sie nach einem bestimmten Kinderbuch?

Nehmen wir einmal an, Sie sind angestellter Augenoptiker und wegen Ihres neuen Jobs gerade nach Düsseldorf gezogen. Als begeisterter Marathonläufer suchen Sie nicht nur neue Kontakte, sondern auch Trainingspartner vor Ort – außerdem schätzen Sie den fachlichen Austausch mit Kollegen. Mit sämtlichen Bedürfnissen sind Sie bei XING an der richtigen Stelle – unter Gruppen|Gruppen finden.

1. Wenn Sie »Düsseldorf« in das Suchfeld eingeben, stoßen Sie direkt auf der ersten Ergebnisseite auf die Ambassador-Gruppe »XING Düsseldorf«. Mit knapp 45.000 Mitgliedern ist das die größte Gruppe der Region, die zudem regelmäßige Networking-Events anbietet, bei denen Sie reizvolle Leute (und auch potenzielle Laufpartner) kennenlernen können.

2. Ähnlich schnell kommen Sie zum Ziel, wenn Sie den Suchbegriff »Augenoptik« eingeben: Die gleichnamige Gruppe erscheint direkt an erster Stelle, hat derzeit circa 2000 Mitglieder und postuliert auf der Gruppen-Startseite den Anspruch, »eines der führenden Netzwerke der Augenoptik« zu werden.

3. Die Suche nach dem Schlagwort »Marathon« liefert mehr als 50 Ergebnisse in der Gruppensuche – von »Berlin Marathon« bis »Laufen – effizientes Training«. Hier bedarf es unter Umständen einiger weiterer Klicks, um herauszufinden, welches die richtige Gruppe für Sie ist.

Grundsätzlich liefert jede Gruppen-Startseite Ihnen bereits eine Vielzahl von Informationen zur jeweiligen Gruppe:

✔ Eine kurze Selbstvorstellung vermittelt meist schon ein gutes Gefühl dafür, ob diese Gruppe dem entspricht, was Sie suchen.

- Viele Gruppen sind so gestaltet, dass die Foren auch für Nichtmitglieder einsehbar sind. So bekommen Sie einen ersten Eindruck davon, worüber in dieser Gruppe diskutiert wird.

- Unter Über diese Gruppe auf der rechten Seite können Sie sehen, seit wann es die Gruppe gibt, wie viele Mitglieder sie hat und wie viele Beiträge bereits geschrieben wurden. Eine Gruppe, die schon seit Jahren besteht, aber nur zehn Mitglieder oder 20 Beiträge hat, ist vermutlich nicht sehr aktiv und damit eher uninteressant für Sie.

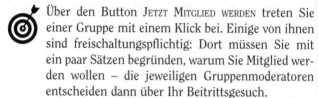

- Über den Button Jetzt Mitglied werden treten Sie einer Gruppe mit einem Klick bei. Einige von ihnen sind freischaltungspflichtig: Dort müssen Sie mit ein paar Sätzen begründen, warum Sie Mitglied werden wollen – die jeweiligen Gruppenmoderatoren entscheiden dann über Ihr Beitrittsgesuch.

Wenn Ihnen (anders als dem joggenden Optiker) die klassische Gruppensuche nicht weiterhilft, gibt es selbstverständlich weitere Möglichkeiten, spannende Gruppen auf XING zu entdecken:

- Wechseln Sie bei der Suche unter Gruppen|Gruppen finden auf Beiträge (statt Gruppen) – so werden Ihnen gruppenübergreifend sämtliche Beiträge zu einem speziellen Suchwort angezeigt und Sie bekommen einen schnellen Überblick darüber, in welchen Gruppen Ihr Wunschthema am aktivsten diskutiert wird.

- Rechts auf der Seite Gruppen|Meine Gruppen finden Sie Hinweise zu Interessante Gruppen und Gruppen Ihrer Kontakte. Hier werden Ihnen Vorschläge auf der Basis der Angaben in Ihrem Profil unterbreitet.

✓ Auch die Profile Ihrer Kontakte sind eine gute Recherchequelle. Sofern diese Möglichkeit nicht von der betreffenden Person deaktiviert wurde, sehen Sie bei jedem XING-Mitglied, in welchen Gruppen es Mitglied ist – die Profile von Kollegen und Konkurrenten geben hier oft interessante Hinweise.

An Gruppendiskussionen teilnehmen

Nehmen wir an, Sie haben eine oder mehrere spannende Gruppen entdeckt. Wie genau findet der Austausch in diesen Gruppen denn nun statt? Prinzipiell sind sämtliche Gruppen gleich aufgebaut: Sie bestehen aus einer mehr oder minder großen Zahl von Foren, in denen die Gruppenmitglieder sich untereinander austauschen können. Die Forenthemen werden von den jeweiligen Moderatoren festgelegt – sie dienen der Strukturierung und verhindern, dass alles durcheinandergeht.

In fast allen Gruppen ist die Mitgliedschaft Voraussetzung für das Verfassen oder Kommentieren von Gruppenbeiträgen. Wenn Sie also eine Gruppe gefunden haben und Mitglied geworden sind, kann es direkt losgehen. Doch wie genau schreiben Sie denn nun einen Forenbeitrag? Schauen Sie sich dazu zunächst die Foren der jeweiligen Gruppe an und entscheiden Sie, in welches Ihr Thema am besten passt. Wenn Sie das zu Ihrem Anliegen passende Forum gefunden haben, klicken Sie auf den Button NEUES THEMA ERSTELLEN rechts oben auf der jeweiligen Seite – es öffnet sich ein Formularfeld, in das Sie Ihren Beitrag schreiben können.

Beachten Sie dabei folgende Punkte:

✔ Eine pfiffige und aussagekräftige Überschrift erhöht die Wahrscheinlichkeit, dass Ihr Beitrag gelesen wird – wecken Sie damit also die Neugier, bringen Sie aber auch Ihr Anliegen auf den Punkt.

✔ Das Gleiche gilt für den eigentlichen Text: Wir alle haben keine Zeit zu verschwenden. Bringen Sie Ihr Anliegen also knapp und eindeutig auf den Punkt.

✔ Bevor Sie auf ABSENDEN klicken, aktivieren Sie die E-Mail-Benachrichtigung bei Reaktionen auf Ihren Beitrag. Nichts ist peinlicher, als Antworten zu bekommen, die Sie nicht zur Kenntnis nehmen!

✔ Wenn Sie nach dem Absenden noch einen Fehler entdecken, genügt ein Klick auf den kleinen Stift unter Ihrem Beitrag – damit können Sie ihn innerhalb von drei Tagen noch ändern. Komplett löschen können Sie Ihren Beitrag nicht, dazu sprechen Sie bitte (und nur in wirklich begründeten Fällen!) einen der Gruppenmoderatoren an.

Schreiben Sie nicht bei jeder Fachfrage einfach drauflos – vielleicht hat genau dieselbe Frage schon jemand anderes gestellt. Über die Suchfunktion im rechten Teil der Gruppenstartseite können Sie prüfen, ob Ihre Frage möglicherweise schon beantwortet wurde.

Im Idealfall erhalten Sie auf Ihren Beitrag die benötigte Information oder lösen eine spannende Fachdiskussion aus. Wollen Sie selbst auf einen Forenbeitrag antworten, geht das ganz einfach, indem Sie auf die kleine Sprechblase unter dem jeweiligen Eintrag klicken – es öffnet sich ein entsprechendes Formularfeld.

Mitgliederumfragen

Eine weitere Möglichkeit, an relevante Informationen zu kommen, ist die Durchführung einer Umfrage unter XING-Nutzern. Wer diese Funktion aktiviert hat, findet neben dem Feld für Statusmeldungen auf seiner Startseite einen zusätzlichen Reiter, den Sie in Abbildung 7.1 sehen können.

Abbildung 7.1: Der Reiter zur Aktivierung einer Umfrage auf Ihrer XING-Startseite

Wenn Sie auf diesen Reiter klicken, öffnet sich ein Formularfeld, in dem Sie sämtliche Angaben zu der von Ihnen initiierten Umfrage eingeben können – von der Fragestellung über die verschiedenen Antwortmöglichkeiten bis zur Dauer der Umfrage. Über ein Häkchen bei Öffentliche Umfrage entscheiden Sie, ob die Umfrage nur unter Ihren Kontakten stattfinden soll oder auch weiterempfohlen werden kann. Mein Tipp: Nutzen Sie den viralen Effekt und setzen Sie das Häkchen!

Wenn Sie jetzt auf Umfrage starten klicken, wird Ihren Kontakten ein Eintrag wie in Abbildung 7.2 angezeigt.

Diese Umfrage kann nun (mit den bereits bekannten Buttons) beantwortet, kommentiert oder weiterempfohlen werden. Selbstverständlich ersetzen solche Umfragen keine statistischen Untersuchungen, können aber sehr hilfreich für einen schnellen Meinungsüberblick sein.

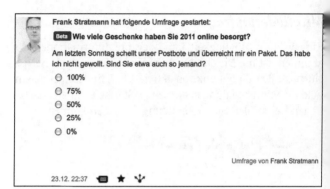

Abbildung 7.2: So sieht eine fertiggestellte Umfrage für Ihre Kontakte aus.

So positionieren Sie sich als Experte 8

> **In diesem Kapitel**
> - ✔ Das Experten-XING-Profil
> - ✔ Gruppen als Ort des Image-Aufbaus
> - ✔ Was Sie jeden Tag tun sollten

Was denken Sie, wie ich zur Autorin dieses Buches wurde? Sicherlich vermuten Sie dahinter meine Idee, mit der ich dann in Form eines Exposés an verschiedene Verlage herangetreten bin, bevor Wiley-VCH sich nach umfangreicher Prüfung und Umstrukturierung des ersten Konzepts zur Herausgabe erklärt hat.

Mitnichten. Tatsächlich ist eine Lektorin von Wiley-VCH auf mich zugekommen – aufgrund meiner Selbstdarstellung bei XING kam sie zu dem Schluss, dass ich die richtige Autorin für dieses Buch sei.

Warum ich Ihnen das erzähle? Weil diese Geschichte ein sehr schönes Beispiel dafür ist, wieso es sich lohnt, mit einem klaren und professionellen Profil bei XING aufzutreten und zu agieren. Was können Sie also tun, um mit Ihrem XING-Profil ebenso erfolgreich zu sein?

Erst denken, dann handeln

Wie bei jeder kommunikativen Strategie ist auch bei XING hektischer Aktionismus fehl am Platz. Überlegen Sie sich vor Aufnahme Ihrer Aktivitäten genau, was Sie erreichen wollen – andernfalls verwirren Sie Ihre Kontakte und vergeuden kostbare Zeit. Ihr Kommunikationsverhalten auf XING dürfte (und sollte!) stark variieren – je nachdem, ob Sie beispielsweise …

- ✔ eine neue Stelle in der Stahlbranche suchen,
- ✔ als freiberuflicher Coach auf Akquisepfaden wandeln,
- ✔ Teilnehmer für Ihre PowerPoint-Seminare suchen oder
- ✔ als Fachreferent für ein Spezialthema gebucht werden wollen.

Wenn Ihr Profil und Ihre Aktivitäten auf XING in allen vier Fällen gleich aussehen, haben Sie sich im Vorfeld nicht genug Gedanken darüber gemacht, welches Bild Sie von sich selbst eigentlich nach außen tragen wollen.

Die wenigsten Nutzer sind nur zum Zeitvertreib bei XING, die meisten wollen ganz konkret berufliche Kontakte knüpfen, Geschäftsbeziehungen anbahnen, eine neue Stelle oder neue Mitarbeiter finden. Wenn Sie XING als eine Selbstmarketingplattform begreifen, werden Sie auch entsprechend agieren: Überlegen Sie sich vor dem Erstellen jeder Statusmeldung und jedes Beitrags in einem Forum, ob er dazu dient, Ihren Expertenstatus zu einem bestimmten Thema aufzubauen oder zu festigen. Und ganz zu Beginn erstellen Sie selbstverständlich ein XING-Profil, das diesem Status gerecht wird!

Spitzen Sie Ihr XING-Profil zu

Die virtuelle Kontaktaufnahme bei XING folgt immer einer gewissen Reihenfolge – wenn Sie diese beim Aufbau Ihres

Profils beachten, schaffen Sie eine Dramaturgie, die Ihr Gegenüber direkt zur persönlichen Ansprache führt. Ob in der Suchergebnisliste oder neben einem Forenbeitrag: Immer sieht Ihr Gegenüber als Erstes Ihr Foto und den Firmennamen (wie in Abbildung 8.1).

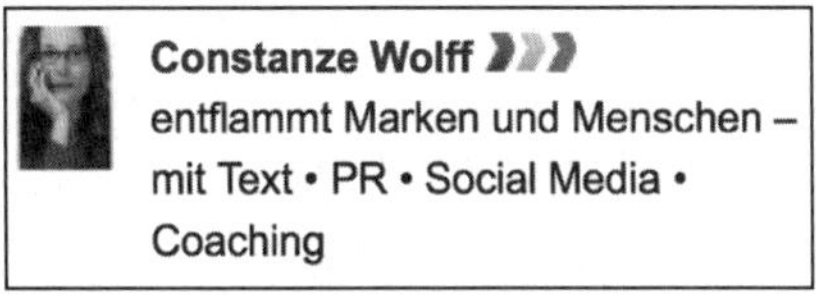

Constanze Wolff 〉〉〉
entflammt Marken und Menschen –
mit Text • PR • Social Media •
Coaching

Abbildung 8.1: Der Erstkontakt bei XING

An diesem Beispiel werden gleich zwei Dinge deutlich:

1. Entscheiden Sie sich für ein professionell aufgenommenes Porträtfoto, das einen sympathischen und kompetenten Eindruck von Ihnen vermittelt.

2. Niemand kann etwas damit anfangen, wenn Sie in dem Formularfeld UNTERNEHMEN (unter BERUFSERFAHRUNG) lediglich »Meier GmbH« eintragen – was die Meier GmbH tut, wird daraus nicht ersichtlich. Zweckentfremden Sie dieses Feld also für einen Slogan, der auf den ersten Blick zeigt, was Sie oder Ihr Unternehmen anzubieten haben.

 Um den Aggregationsmechanismus bei den Unternehmensprofilen nicht durcheinanderzubringen, empfiehlt es sich, derartige Zusätze in Klammern einzufügen. So wird der Begriff weiter in der Suche auftauchen, aber aus beispielsweise »XING AG (professionelles Netzwerken)« wird kein neues Profil.

Wenn Sie auf diese Weise das Interesse eines anderen XING-Nutzers geweckt haben, wird dieser als Nächstes auf Ihr Profil klicken. Ob er sich länger dort umsieht und dann auch Kontakt zu Ihnen aufnimmt, hängt von der Gestaltung dieses Profils ab:

✔ Fassen Sie sich kurz! Ihr Profilbesucher sollte auf den ersten Blick erkennen, wer Sie sind und was Sie zu bieten haben – und neugierig darauf werden.

✔ Nutzen Sie dafür entweder den Reiter PROFILDETAILS oder aber die PORTFOLIO-Seite. In den Privatsphäre-Einstellungen können Sie auswählen, welcher dieser beiden Reiter Ihren Profilbesuchern als Erstes angezeigt wird.

✔ Der größte Teil der XING-Nutzer sucht mithilfe der Stichwortsuche ganz oben auf der Seite. Diese durchsucht Ihr komplettes Profil im Volltext – relevante Suchbegriffe sollten daher nicht in Form einer endlosen Stichwortliste unter ICH BIETE untergebracht werden. Besonders gut geeignet ist dafür hingegen die PORTFOLIO-Seite. Hier haben Sie deutlich mehr Platz für Ihre Schlüsselbegriffe – oder Sie gehen gleich ganz transparent vor und platzieren am Ende der Seite einen Textblock mit der Überschrift »Keywords für die Suchmaschinen«.

✔ Darüber hinaus ist die PORTFOLIO-Seite grundsätzlich eine perfekte Stelle, sich als Experte zu einem bestimmten Thema zu positionieren. Mit nahezu uneingeschränkten Gestaltungsmöglichkeiten (mehr dazu finden Sie in Kapitel 4) bietet sie hinreichend Raum für den Image-Aufbau.

- ✔ Nutzen Sie die Einträge im Bereich BERUFSERFAHRUNG maximal aus, indem Sie nicht nur Ihre Position nennen, sondern diese weiter unten auch ausführlich beschreiben. Hier ist Platz für besondere Erfolge und Kompetenzen.

- ✔ Nehmen Sie eventuell vorhandene Auszeichnungen in Ihr Profil auf und bitten Sie Arbeitgeber, Kunden, Kollegen oder Kooperationspartner um eine Referenz (mehr dazu in Kapitel 5) – so wirken Sie kompetent.

- ✔ Das Gleiche erreichen Sie mit der Mitgliedschaft in branchenrelevanten Organisationen – mit einem Eintrag in der entsprechenden Rubrik zeigen Sie, dass Sie auch außerhalb von XING in der jeweiligen Branche aktiv und vernetzt sind. Achten Sie darauf, dass Sie jeweils den kompletten Namen der Organisation **und** die Abkürzung eintragen – viele suchen beispielsweise eher nach dem »BVMW« als nach dem »Bundesverband mittelständische Wirtschaft«.

- ✔ Nutzen Sie das Feld ICH SUCHE auf sinnvolle Weise. Viele XING-Mitglieder drehen hier lediglich ICH BIETE um – und tragen somit nur zur Verfälschung von Suchergebnissen bei. (Ein Beispiel: Wer unter ICH BIETE »Coaching für Führungskräfte« einträgt, sollte unter ICH SUCHE keinesfalls »Führungskräfte, die sich für Coaching interessieren« eintragen.) In dieses Feld gehören nur Dinge, die Sie wirklich suchen – von spannenden Branchenkontakten über neue Mitarbeiter bis zu einer Eigentumswohnung.

Geben Sie Nichtkontakten unter ICH SUCHE einen Anlass, Kontakt zu Ihnen aufzunehmen! XING gibt (zur Vermeidung von Spam) einige Regeln für den Versand von Privatnachrichten vor – unter anderem muss die Nachricht eine persönliche Anrede enthalten und sollte einen Bezug zu den Feldern ICH SUCHE oder ICH BIETE enthalten. Wenn Sie unter ICH SUCHE also einen sehr allgemein gehaltenen Eintrag (den perfekten Rotwein, interessante CD-Empfehlungen, fachlichen Austausch) integrieren, hat nahezu jeder einen Anlass, Sie zu kontaktieren.

Aktivitäten als Merkmal Ihres Expertenstatus

Wenn Sie sich immer wieder und an verschiedensten Stellen auf der Plattform zu einem bestimmten Thema äußern (und Ihr Profil zu diesem Thema passt), wird es nicht allzu lange dauern, bis man Ihre Kompetenz in diesem Bereich zur Kenntnis nimmt. XING bietet Ihnen viele Möglichkeiten, in diesem Sinne aktiv zu werden:

Knüpfen Sie Kontakte in die Branche

Wenn Sie die entsprechende Funktion in Ihrem Profil freigeschaltet haben, erhalten Ihre direkten Kontakte jedes Mal eine Meldung, wenn Sie einen neuen Kontakt hinzufügen. Sollten diese Neukontakte immer wieder aus einer bestimmten Branche stammen, fällt das auf – und wirkt sich positiv auf Ihr Image in dieser Branche aus oder erweckt den Eindruck, dass Sie ein Experte auf dem jeweiligen Gebiet sind.

Dieser Effekt wirkt nur dann positiv, wenn Sie nicht Tag für Tag × neue Kontakte hinzufügen. In diesem Fall wird Ihr Netzwerk eher genervt reagieren – schalten Sie die entsprechende Benachrichtigung daher besser unter EINSTELLUNGEN, RECHNUNGEN & KONTEN|PRIVATSPHÄRE aus. Ab einigen Hundert direkten Kontakten deaktiviert XING die automatischen Benachrichtigungen ohnehin, um die Nachrichtenflut im Zaum zu halten.

Nehmen Sie an Umfragen teil

In Kapitel 7 haben Sie die Möglichkeiten kennengelernt, Umfragen unter Ihren Kontakten durchzuführen. Wann immer Sie eine solche Gelegenheit nutzen oder weiterempfehlen, erfahren Ihre Kontakte über die Neuigkeiten auf der Startseite davon. Indem Sie regelmäßig an fachlich relevanten Umfragen und Studien teilnehmen, können Sie so Ihre Kontakte von Ihrer Fachkompetenz überzeugen.

Von den Umfragen Ihrer Kontakte erfahren Sie über die Neuigkeiten auf Ihrer Startseite. Klicken Sie dazu auf den kleinen Pfeil rechts oben neben ALLE EINTRÄGE und wählen Sie den Filter UMFRAGEN aus – schon werden Ihnen sämtliche Umfragen aus Ihrem Kontaktnetzwerk angezeigt. Empfehlen Sie die Umfragen, an denen Sie teilgenommen haben, weiter – so erfährt ein größerer Adressatenkreis davon.

Werden Sie in Gruppen aktiv

Wenn Sie sich in branchenrelevanten Gruppen an Fachdiskussionen beteiligen, machen Sie sich bekannt und werden als Experte identifiziert. Wenn Sie beispielsweise freiberuflicher Marketingberater sind, finden Sie über die Gruppensuche viele Gruppen, die sich mit Ihrem Thema beschäftigen – hier gibt es zahlreiche Möglichkeiten, sein Wissen einfließen zu lassen und vom Know-how anderer zu profitieren. Seien Sie sich dabei jedoch bewusst, dass Sie hier vor allem mit Branchenkollegen diskutieren – Fachgruppen eignen sich daher eher für den kollegialen Austausch als für die Positionierung als Experte.

Um bei unserem Beispiel zu bleiben: Wenn Sie als Marketingberater gezielt Kunden beeindrucken wollen, empfiehlt es sich, dort aufzutauchen, wo auch diese Kunden sind. Damit sind wir wieder am Anfang des Kapitels angekommen: Überlegen Sie sich **vor** Aufnahme Ihrer XING-Aktivitäten, wen Sie erreichen wollen und wo Sie diese Zielgruppe finden. Wenn Sie sich beispielsweise auf die Maschinenbaubranche spezialisiert haben, empfiehlt es sich, gezielt nach Maschinenbaugruppen zu suchen und zu prüfen, ob es in diesen Gruppen spezielle Marketingforen gibt. Ihre Akquise wird deutlich erfolgreicher sein, wenn Sie hier (bei Marketinglaien) mitdiskutieren – anstatt sich in einer langen Fachdiskussion mit Kollegen zu verlieren.

Wenn Sie mit Ihrem Spezialthema überall auf XING vertreten sein wollen, gibt es noch einen anderen Weg der Teilnahme an relevanten Gruppendiskussionen: Nutzen Sie die Suche nach einzelnen Beiträgen unter GRUPPEN|GRUPPEN FINDEN (siehe Abbildung 8.2).

Wenn Sie oder Ihr Unternehmen beispielsweise auf die Entwicklung von Apps spezialisiert sind, kann es sich lohnen, nach Beiträgen mit dem Stichwort »App-Entwickler« zu suchen – in Sekundenbruchteilen erhalten Sie eine Vielzahl

Abbildung 8.2: So suchen Sie auf XING nach einzelnen Beiträgen.

von Suchergebnissen mit Beiträgen, in denen nach Unterstützung bei der Entwicklung von Apps gesucht wird.

 Achten Sie darauf, rechts oben in der Ergebnisliste Neueste Beiträge auszuwählen – so gehen Sie sicher, dass Sie immer auf der Höhe der Zeit sind und Ihnen kein Beitrag entgeht.

Hier schlägt nun Ihre Stunde: Mit nützlichen Tipps beweisen Sie Ihr Expertenwissen und machen neugierig auf Ihr Profil. Neben jedem Ihrer Beiträge tauchen Name, Foto und Firmenname auf – wenn Letzterer aussagekräftig formuliert ist, werden die Besucher Ihres Profils nicht lange auf sich warten lassen. Falls Sie eine ansprechende Website oder ein Blog zum Thema haben, können Sie gegebenenfalls auf bereits erstellte Beiträge verweisen – achten Sie aber darauf, dass Sie dem Leser wirklich weiterhelfen und aus Ihrem Forenbeitrag keinen plumpen Werbetext machen! Wenn Sie eine vorher festgelegte Gruppe von Fachbegriffen in regelmäßigen Abständen über die Beitragssuche prüfen, gehen Sie sicher, dass Ihnen keine Diskussion zu Ihrem Spezialthema entgeht. Wenn Sie andere regelmäßig an Ihrem Expertenwissen teilhaben lassen, wird es Ihnen so nach und nach spannende Kontakte einbringen.

In den meisten Gruppen müssen Sie Mitglied werden, bevor Sie mitdiskutieren können. Achten Sie darauf, aus diesen Gruppen wieder auszutreten, wenn eine Diskussion abgeschlossen ist – die Mitgliedschaft in Gruppen, in denen Sie nicht dauerhaft aktiv sind, hat keinen Sinn.

Eine weitere Möglichkeit, sich über Gruppen als Experte zu positionieren, ist das Engagement als Gruppenmoderator. Mit einer Gruppe schaffen Sie ein individuelles Netzwerk rund um Ihr Spezialthema und erhöhen so die Präsenz bei Ihrer Zielgruppe. So moderiert beispielsweise der GfK-Experte Jürgen Engel gemeinsam mit zwei anderen die Gruppe »Gewaltfreie Kommunikation«, während Frank Stratmann (Marketingleiter einer Klinikgruppe) einer von drei Moderatoren der Gruppe »Health Care« ist. Mit circa 22.000 Mitgliedern ist diese Gruppe die größte ihrer Art und als solche eine sogenannte »Xpert Ambassador-Gruppe«, die regelmäßig offizielle XING-Events durchführt – hier steckt der Expertenstatus gewissermaßen schon im Gruppennamen.

Wenn Sie selber Gruppenmoderator werden wollen, prüfen Sie zunächst, ob es nicht schon eine Gruppe zu dem von Ihnen gewünschten Thema gibt. Falls dies der Fall ist, überlegen Sie sich, ob Sie tatsächlich eine weitere Gruppe zu diesem Thema eröffnen wollen oder sich nicht besser in der vorhandenen Gruppe engagieren. Bedenken Sie, dass die Moderation einer Gruppe viel Arbeit macht und entsprechend Zeit kostet. Sofern Sie trotzdem eine eigene Gruppe eröffnen wollen, die ein Potenzial von mindestens 100 Mitgliedern hat, klicken Sie unter dem Menüpunkt GRUPPEN rechts oben auf NEUE GRUPPE VORSCHLAGEN. (Nicht zugelassen sind Gruppen, die gegen geltendes Recht oder die XING-AGB verstoßen, politisch oder religiös motiviert sind oder hauptsächlich der Jobvermittlung oder dem Flirt dienen.) Hier beantworten Sie einige Fragen zu den Inhalten und dem Potenzial der von Ihnen vorgeschlagenen Gruppe und wie Sie Ihre Rolle als Moderator sehen.

Wenn XING Ihrem Gruppenantrag zugestimmt hat, können Sie loslegen – nach der Einrichtung Ihrer Gruppe hinsichtlich Optik und Forenstruktur heißt das zunächst einmal: Mitglieder akquirieren und den Dialog unter diesen Mitgliedern aktivieren. Die Newsletter-Funktion und die Möglichkeit zur Organisation von Gruppenevents tragen zusätzlich zur Aktivität innerhalb der Gruppe (und zu Ihrem Expertenstatus) bei. Selbstverständlich erhalten Sie dazu Unterstützung und Tipps von XING und – in den entsprechenden Gruppen – von den Moderatorenkollegen.

Unter http://groups.xing.com/deutsch stellt XING die sogenannte »XING Gruppen-Hilfe« zur Verfügung, in der Sie alles über den erfolgreichen Umgang mit Gruppen erfahren. Da sie auch für normale XING-Nutzer geöffnet ist, können Sie Ihre Gruppenmitglieder auf diese Hilfe verweisen, falls sie Fragen haben, und so wertvolle Zeit bei der Gruppenmoderation sparen.

Expertenstatus für Eilige

Wann soll ich das alles bloß machen? Keine Angst: Wenn Sie Ihr XING-Profil erst einmal optimiert und die für Ihr individuelles Ziel wesentlichen Funktionen erkannt haben, ist es kein Hexenwerk, kontinuierlich am Aufbau Ihres Expertenstatus zu arbeiten. Folgende Punkte sollten Sie jedoch täglich oder alle paar Tage abarbeiten, um spürbaren Nutzen aus Ihrer XING-Aktivität zu ziehen:

- ✔ **Lesen und beantworten Sie Ihre XING-Nachrichten.** Wenn Sie die entsprechende Einstellung aktiviert haben, werden Sie ohnehin via E-Mail über jede eingehende XING-Nachricht informiert – behandeln Sie diese mit der gleichen Dringlichkeit wie auch alle anderen Mails.

- ✔ **Reagieren Sie auf Kontaktanfragen.** Je aktiver Sie auf XING sind, desto mehr Kontaktanfragen werden Sie erreichen. Auch hier gilt: Überlegen Sie sich vorher, welche Strategie Sie hinsichtlich Ihrer Kontakte verfolgen (mehr dazu in Kapitel 9), und reagieren Sie entsprechend. Bestätigen Sie interessante Anfragen schnellstmöglich und begründen Sie Ihre Absagen höflich.

- ✔ **Checken Sie die Neuigkeiten aus Ihrem Netzwerk.** Gehen Sie dazu die Einträge auf Ihrer Startseite durch und helfen Sie, wo Sie können – und nur dort. Darüber hinaus freut sich jeder über ein paar freundliche Worte anlässlich eines Jobwechsels oder einer Buchveröffentlichung. Empfehlen Sie spannende Informationen mit dem entsprechenden Button an Ihr Netzwerk weiter.

- ✔ **Gratulieren Sie.** Überprüfen Sie auf der Startseite, ob einer Ihrer Kontakte Geburtstag hat, und gratulieren Sie – bei engen oder wertvollen Kontakten am besten per Telefon.
- ✔ **Checken Sie Ihre Profil- und Homepage-Besucher.** Ebenfalls auf der Startseite finden Sie die Profilbesucher – diese haben sich aus irgendeinem Grund für Sie und Ihr Angebot interessiert. Machen Sie sich die Mühe, reizvolle Personen direkt anzusprechen – möglicherweise ergibt sich ein interessanter Kontakt daraus. Auf jeden Fall sollten Sie das bei denjenigen XING-Nutzern machen, die sogar noch einen Schritt weitergegangen sind und eine Ihrer Websites besucht haben. (Diese finden Sie, wenn Sie unter Profilbesucher auf Alle Besucher & Statistiken klicken und in dem Auswahlmenü oben auf der Seite Klick auf Firmen-Website auswählen.) Fragen Sie freundlich nach, was Sie für den Betreffenden tun können – möglicherweise ergibt sich ja schon aus seinem Profil ein Anknüpfungspunkt.

Diesen Punkt Ihrer täglichen Agenda sollten Sie keinesfalls übergehen oder vertagen: Die Besucher Ihres Profils und Ihrer Websites werden nur wenige Tage gespeichert – wenn Sie hier nicht schnell reagieren, gehen Ihnen vielleicht wertvolle potenzielle Kontakte verloren.

- ✔ **Checken Sie Ihre Schlüsselbegriffe.** Legen Sie Fachbegriffe fest, die Sie für relevant halten, und prüfen Sie, ob dazu Beiträge in XING-Gruppen erschienen sind. So entdecken Sie Diskussionen, zu denen Sie mit Ihrem Knowhow – und damit zu Ihrem Image-Aufbau – beitragen können.

✔ **Falls Sie Gruppenmoderator sind:** Behalten Sie sämtliche Foren Ihrer Gruppe im Blick und reagieren Sie zeitnah auf Einträge, bei denen das erforderlich ist. Schalten Sie neue Mitglieder frei (falls Ihre Gruppe freischaltungspflichtig ist) und behalten Sie Ihre geplanten Events im Auge.

Auf den ersten Blick mag Ihnen das zu viel für einen Tag sein – aber Sie werden sehen: Mit ein bisschen Routine dauert das tägliche XING-Programm nicht länger als andere tägliche Abläufe (wie das Öffnen und die Beantwortung Ihrer Post oder E-Mails). Am besten planen Sie jeden Tag eine feste Zeit dafür ein.

Kontaktmanagement, Profisuche und Events   9

In diesem Kapitel
✔ Die verschiedenen XING-Suchfunktionen
✔ Kontaktmanagement mit dem XING-Adressbuch
✔ Kontaktanbahnung auf und mit Events
✔ Das XING-interne Nachrichtensystem

In Kapitel 3 haben Sie erfahren, wie Sie bereits vorhandene Kontakte (Freunde, ehemalige und aktuelle Kollegen, Kunden) auf XING wiederfinden und als Kontakt hinzufügen. Richtig toll wird das Netzwerken allerdings erst dann, wenn Sie in den Dialog mit bisher unbekannten Personen treten und so nach und nach die Zahl Ihrer Kontakte vergrößern. Wie Sie unter Millionen von XING-Mitgliedern die für Sie relevanten Personen finden und zu Ihrem Netzwerk hinzufügen, lernen Sie in diesem Kapitel.

Die erweiterte Suche

Der bei Weitem größte Teil der XING-Nutzer verwendet für seine Suche die Schnellsuchfelder rechts oben auf jeder Seite oder unter dem Reiter MITGLIEDER FINDEN auf der XING-Startseite. Wenn Sie den Namen der gesuchten Person kennen oder nach einem sehr individuellen Stichwort suchen, kommen Sie damit am schnellsten zum Ziel – für alle weiteren Recherchen empfiehlt sich jedoch die Nutzung der sogenannten »Erweiterten Suche« (siehe Abbildung 9.1). Kaum jemand kennt deren vielfältige Funktionen und nutzt Sie optimal aus – dabei steckt hier eines der echten Alleinstellungsmerkmale von XING gegenüber anderen sozialen Netzwerken.

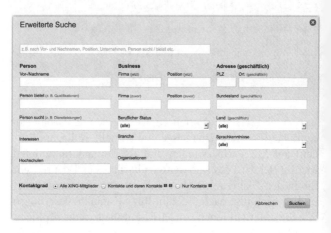

Abbildung 9.1: Die erweiterte Suche bei XING

Am deutlichsten wird dies anhand einiger Beispiele.

Beispiel 1: Suche nach einem Dienstleister

Nehmen wir einmal an, Sie suchen einen Steuerberater in Frankfurt. »Kinderleicht!«, werden Sie denken – und beim Feld PERSON BIETET ein erstes Mal stutzen: Was tragen Sie dort ein: »Steuerberater« oder »Steuerberatung«? Die Lösung ist einfach (und aus einigen Suchmaschinen bekannt): Geben Sie »Steuerberat*« ein – so werden Ihnen alle Ergebnisse mit diesem Wortanfang angezeigt.

Weitere Tricks und Kniffe für die optimale Nutzung der Suchfelder erhalten Sie über den Link Tipps für Ihre Suche, der sich links unterhalb des zentralen Sucheingabefeldes auf der Seite Mitglieder finden befindet. Hier erfahren Sie zum Beispiel, wie Sie verschiedene Suchbegriffe miteinander verbinden oder einzelne Wörter ausschließen.

Das Problem dabei: Diese Suche ergibt über 500 Ergebnisse – zu viele, um sie einzeln zu prüfen. Hier kommen die Suchfilter ins Spiel, die Sie auf der rechten Seite neben den Suchergebnissen finden und mit denen sich Ihre Ergebnisse verfeinern lassen.

Nehmen wir an, Sie möchten mit keiner der großen Kanzleien zusammenarbeiten und suchen einen freiberuflich tätigen Steuerberater: In diesem Fall schränkt der Filter Beruflicher Status|Freiberufler/-in die Zahl der Suchergebnisse auf einen Schlag auf 97 ein. Das sind Ihnen noch immer zu viele? Dann gehen Sie jetzt einen etwas unkonventionelleren Weg und machen sich auf die Suche nach jemandem, mit dem Sie möglicherweise auch menschlich auf einer Wellenlänge liegen: Dazu öffnen Sie ein weiteres Mal die erweiterte Suche und geben bei Interessen Ihre Leidenschaft – in diesem Fall gehen wir einmal von »Fußball« aus – ein. Wenn Sie danach noch einmal den Filter Beruflicher Status|Freiberufler/-in aktivieren, kommen plötzlich nur noch sieben Personen infrage.

Beispiel 2: Gezielte Neukundenakquise

Für dieses Fallbeispiel gehen wir einmal davon aus, Sie seien ich und auf der Suche nach neuen Textaufträgen. Als cleverer XING-Nutzer gehen Sie nicht über die zentrale Stichwortsuche, sondern geben in der erweiterten Suche unter PERSON SUCHT »Text« ein. Mehr als 3000 Suchergebnisse zeigen schnell: Hier bedarf es weiterer Suchkriterien. Da Sie sich nicht darum schlagen, quer durch die Republik zu fahren, entscheiden Sie sich für einen regionalen Filter und geben zusätzlich im Formularfeld PLZ den Suchbegriff »48*« ein.

Hier tritt nun ein neues Problem auf: Über diese Suche erhalten Sie zwar eine deutlich reduzierte Zahl von Ergebnissen, unter diesen sind jedoch sehr viele Ihrer Konkurrenten zu finden. Jeder Texter, der das ICH SUCHE-Feld missbraucht hat (mit Einträgen wie »Aufträge im Bereich Text« oder »Unternehmen auf der Suche nach Textern«), wird hier angezeigt. Für Fälle dieser Art bietet XING eine einfache Lösung: Suchen Sie nach Personen, die Text suchen, aber keinen Text anbieten. Einzelne Suchbegriffe schließen Sie aus, indem Sie ein Minuszeichen vor das Wort setzen.

Unter den so gewonnenen Suchergebnissen finden sich nun tatsächlich einige Agenturinhaber und Freelancer, die auf der Suche nach Kooperationspartnern oder Dienstleistern im Bereich Text sind und die sich daher sicherlich über Ihre Kontaktaufnahme freuen werden.

Wenn Sie mit ein bisschen Ausprobieren die Kombination von Suchkriterien gefunden haben, die zu einem Erfolg versprechenden Ergebnis führt, müssen Sie diese Suche nicht immer wieder von Neuem ausführen und mühsam prüfen, ob Sie die so gefundenen Personen eventuell früher schon kontaktiert haben. XING bietet hierfür die Möglichkeit, einen

Suchagenten anzulegen: Klicken Sie hierzu am Ende einer erfolgreichen Suche auf den Button SUCHAUFTRAG ANLEGEN oben über der Ergebnisliste – künftig werden Sie jedes Mal per E-Mail informiert, wenn sich ein neues XING-Mitglied anmeldet, das Ihren Suchkriterien entspricht.

Beispiel 3: So umschiffen Sie Gatekeeper

Wenn Sie früher an den Geschäftsführer eines Unternehmens herantreten wollten, mussten Sie sich erst mühsam an Telefonzentralen oder Chefsekretärinnen vorbeiarbeiten – in Zeiten von XING bleiben Ihnen die Türen nahezu keiner Chefetage mehr verschlossen.

Nehmen wir einmal an, Sie schwärmen für Mercedes Benz – das Auto, die Unternehmenskultur, das Image. Sie träumen schon lange davon, für dieses Unternehmen tätig zu werden. Wie gelingt Ihnen die Kontaktaufnahme via XING?

Im ersten Schritt versuchen Sie sich an einer relativ weit gefassten Suche: Die Eingabe von »Mercedes« im Suchfeld FIRMA (JETZT) verweist auf deutlich mehr als 6500 Personen. Und hier kommt eine der spannendsten Funktionen von XING zum Einsatz: Unterhalb der erweiterten Suche können Sie auswählen, ob Sie die ganze Plattform, nur Ihre eigenen Kontakte oder die Kontakte Ihrer Kontakte durchsuchen wollen.

Eine Suche unter meinen eigenen Kontakten ergibt, dass ich niemanden kenne, der direkt für Mercedes tätig ist. Aber die Suche in den Kontakten meiner Kontakte wirft gleich 150 Personen aus, die mit mir nur über eine einzige Mittelsperson verbunden sind – das bedeutet, dass wir über einen gemeinsamen Kontakt verfügen. Hier agiere ich gewissermaßen so, als würde ich in das Adressbuch meiner direkten Kontakte sehen können – eine Möglichkeit, die mir kein anderes soziales Netzwerk bietet.

Wenn ich nun auf das Profil einer interessanten Person klicke, wird mir am rechten Seitenrand angezeigt, wer diese Verbindungsperson ist – möglicherweise gibt es sogar gleich mehrere (Abbildung 9.2).

Abbildung 9.2: Eine von drei Verbindungsmöglichkeiten zwischen einem Mercedes-Mitarbeiter und mir

Da ich meine Verbindungsperson, Oliver Gassner, relativ gut kenne, kann ich nun einfach zum Telefonhörer greifen und ihn nach dem gemeinsamen Kontakt befragen. In Abhängigkeit vom Ergebnis habe ich danach drei Möglichkeiten:

1. Oliver Gassner rät mir aufgrund seiner persönlichen Erfahrungen von einer Kontaktaufnahme ab. Da ich ihm vertraue, mache ich mich also auf die Suche nach einem anderen Mercedes-Kontakt.

2. Ich sammle so viele interessante Informationen über die betreffende Person, dass ich diese direkt kontaktiere – als Aufhänger kann ich dabei beispielsweise unseren gemeinsamen Kontakt zu Oliver Gassner oder andere Anknüpfungspunkte in seinem Profil nehmen.

3. Oliver Gassner empfiehlt mich direkt an die betreffende Person. Dazu klickt er rechts oben in meinem Profil unter MEHR auf den EMPFEHLEN-Button und schreibt eine kurze Nachricht, in der er erklärt, warum meine Zielperson und ich uns kennenlernen sollten. Der Rest bleibt dann uns überlassen.

Sie erinnern sich? Wir alle vertrauen der Empfehlung eines Freundes oder Bekannten deutlich mehr als Werbung oder der Ansprache durch Fremde. Nutzen Sie diesen Effekt und lassen Sie sich weiterempfehlen!

Die Profi-Suche

Netzwerken mit XING lohnt sich erst, wenn Sie eine größere Zahl von beruflich relevanten Kontakten haben: Je größer die Zahl Ihrer direkten Kontakte ist, desto größer ist auch die Zahl Ihrer Kontakte zweiten Grades – und damit das Potenzial an Menschen, die Sie über nur einen Mittelsmann erreichen können. Was genau »relevante« Kontakte für Sie sind, entscheiden Sie am besten selbst: Das können beispielsweise ausschließlich Menschen sein, die Sie auch persönlich kennen, oder auch sämtliche Ansprechpartner aus einer Branche, die Sie finden können.

XING hält einige tolle Werkzeuge für Sie bereit, mit denen Sie interessante Ansprechpartner finden können. Dabei handelt es sich um voreingestellte Standardsuchen, die Sie finden, wenn Sie auf das Diamantsymbol am linken Seitenrand unterhalb Ihres Fotos klicken. Hier sehen Sie die Reiter Profilbesucher und Mitglieder entdecken – für die Kontaktanbahnung zu potenziellen Kooperationspartnern und Kunden eignen sich folgende Punkte unter Profilbesucher besonders gut:

✔ **Aktivität: Nur Profilbesuch:** Hier zeigt XING Ihnen nicht nur an, wer sich Ihr Profil angesehen hat, sondern auch, über welchen Weg diese Person zu Ihnen gekommen ist. Diese Informationen und ein erster Blick auf das Profil interessanter Personen geben Ihnen oftmals sehr gute Hinweise und Anknüpfungspunkte für eine erste Kontaktaufnahme.

✔ **Aktivität: Klick auf Firmen-Website:** Diese Personen sind einen Schritt weitergegangen und haben sich nicht nur mit Ihrem XING-Profil auseinandergesetzt, sondern sind ihrer Neugier sogar bis auf eine Ihrer Websites gefolgt. Bei diesen Menschen können Sie ein echtes Interesse an Ihrer Person oder Ihrem Angebot voraussetzen – nutzen Sie die Chance, aus diesem Interesse einen neuen Kontakt zu machen!

✔ **Aktivität: Klick auf Portfolio:** In Kapitel 4 haben Sie gelernt, dass eine optimal genutzte Portfolio-Seite so etwas wie eine kleine Website ist. Profilbesucher, die sich intensiver damit beschäftigen, sind also ähnlich interessiert wie die Besucher Ihrer Website – und sollten daher genauso behandelt werden.

✔ Im Bereich MITGLIEDER ENTDECKEN schlägt XING Ihnen zahlreiche spannende Personen vor – von Personen, die suchen, was Sie bieten, bis zu Menschen, die in den gleichen Organisationen aktiv sind wie Sie oder mehrere gemeinsame Kontakte mit Ihnen haben. Hier müssen Sie also gar nicht mehr lange nach einem Anknüpfungspunkt für die Kontaktaufnahme suchen – klicken Sie sich einfach mal durch, und Sie werden schnell herausbekommen, welche Suchen für Ihr ganz persönliches Ziel die besten Ergebnisse bringen.

XING kann Ihnen hier nur Parallelen aufzeigen, die sich aus Ihrem Profil ergeben – je vollständiger Sie es ausfüllen, desto erfolgreicher sind daher die Profi-Suchen.

Das XING-Adressbuch

Wenn Sie eine Person auch bei XING kennen wollen, fügen Sie diese als Kontakt hinzu – erst wenn beide Seiten »Ja« gesagt haben, gelten Sie bei XING als »Kontakte ersten Grades«. Dazu klicken Sie auf der Profilseite der jeweiligen Person rechts oben auf ALS KONTAKT HINZUFÜGEN, woraufhin sich ein Fenster öffnet.

Das Hauptfeld ist selbsterklärend, im rechten Bereich des Fensters wählen Sie aus, welche Ihrer Daten die betreffende Person sehen darf und ob Sie Nachrichten von ihr erhalten können wollen. (Ich empfehle, dieses Häkchen auf jeden Fall zu setzen – wenn Ihr Gegenüber Ihnen nicht antworten darf, ist die gesamte Kontaktanfrage ziemlich sinnlos.)

Ein besonderes XING-Feature verbirgt sich unterhalb des Nachrichtenfensters: Hier können Sie den neuen Kontakt einer von Ihnen definierten Kategorie hinzufügen. Mithilfe dieser Kategorien fassen Sie Ihre Kontakte zu Gruppen zusammen und behalten den Überblick – auch bei stetig steigenden Kontaktzahlen. Mögliche Nutzungsmöglichkeiten sind:

- ✔ Handelsvertreter unterteilen ihre Kontakte in A-, B- und C-Kunden.
- ✔ Künstler wählen beispielsweise Kategorien wie »Galerist«, »(potenzieller) Käufer« und »andere Künstler«.
- ✔ Jobsuchende differenzieren möglicherweise »Exkollegen«, »Personaler«, »Headhunter« und »spannende Unternehmen«.

Ihrer Fantasie sind keine Grenzen gesetzt: Welche Bezeichnungen Sie für Ihre Kategorisierung verwenden, bleibt allein Ihnen überlassen – und niemand außer Ihnen selbst kann diese Bezeichnungen sehen. Hinsichtlich der Anzahl gibt es keinerlei Beschränkungen und selbstverständlich können Sie auch mehrere Kategorien für ein- und dieselbe Person auswählen.

Wenn Sie bereits bestehende Kontakte nachträglich kategorisieren wollen, geht das am schnellsten über STARTSEITE|KONTAKTE – in diesem Adressbuch finden Sie sämtliche Ihrer Kontakte wieder. Wichtig hierbei ist, dass Sie oben rechts die richtige Ansicht ausgewählt haben: Nur so werden Ihnen die Zeilen für Kategorien und Notizen angezeigt (Abbildung 9.3).

Abbildung 9.3: Wählen Sie rechts oben die richtige Ansicht aus und vergeben Sie Kategorien und Notizen zu Ihren Kontakten.

In der Zeile für Kategorien können Sie entweder neue Kategorien vergeben oder eine beziehungsweise mehrere der vorhandenen Kategorien auswählen – so vermeiden Sie Schreibfehler oder unnötige Dopplungen. Künftig erscheinen sämtliche von Ihnen vergebene Kategorien rechts neben Ihrer Kontaktliste – je größer die Kategorie geschrieben ist, desto häufiger wurde sie verwendet. Über einen Klick auf eine der Kategorien werden Ihnen künftig nur noch diejenigen Kontakte angezeigt, die Sie der jeweiligen Kategorie zugeordnet haben.

XING bietet Ihnen zwei weitere sehr praktische Nutzungsmöglichkeiten für die Kategorien: die gezielte Einladung zu Events oder den Datenexport von einzelnen Kontaktgruppen. Für Letzteres klicken Sie auf die jeweilige Kategorie und dann rechts oben auf Kontakte als vCard exportieren – so lassen sich beispielsweise Mailverteiler für bestimmte Adressatenkreise erstellen. Und wenn Sie ein Event durchführen, können Sie entweder sämtliche Ihrer Kontakte oder nur einzelne Kontaktkategorien dazu einladen. (Dafür lohnt sich möglicherweise das Anlegen einer regional definierten Kategorie.)

Ihr XING-Adressbuch kann aber noch deutlich mehr: Neben einer alphabetischen Sortierung Ihrer Kontakte enthält es eine Vielzahl von Funktionen zu jedem einzelnen Kontakt. So können Sie direkt aus der Listenansicht …

✔ eine Nachricht an die betreffende Person schreiben (über das kleine Brief-Symbol).

✔ den jeweiligen Kontakt weiterempfehlen (über das Symbol mit den kleinen Pfeilen rechts neben dem Briefumschlag).

✔ die gesammelte Korrespondenz zwischen Ihnen und dieser Person anzeigen lassen (unter Mehr).

✔ die letzten Aktivitäten der betreffenden Person einsehen (ebenfalls unter Mehr).

✔ die Datenfreigabe nachträglich bearbeiten (falls Sie beispielsweise zusätzliche Daten freigeben oder andere sperren wollen).

✔ die jeweiligen Kontaktdaten als vCard herunterladen.

✔ den Kontakt löschen.

 Ihr Gegenüber erfährt nichts davon, wenn Sie ihn als Kontakt aus Ihrem Netzwerk entfernen – es sei denn, er verfügt nur über sehr wenige Kontakte und bemerkt daher das Sinken seiner Zahl von Kontakten. Aus Gründen der Höflichkeit empfiehlt es sich jedoch, dem Betreffenden eine kurze Nachricht zu schreiben und die Löschung zu begründen – XING bietet Ihnen eine entsprechende Möglichkeit, wenn Sie auf LÖSCHEN klicken.

Neben Ihren bereits vorhandenen Kontakten werden Ihnen im Adressbuch auf zwei gesonderten Reitern auch Ihre KONTAKTANFRAGEN und Ihre GEMERKTEN PERSONEN angezeigt. Letztere landen dort, wenn Sie auf der Profilseite der betreffenden Person rechts oben unter MEHR auf MITGLIED MERKEN klicken – der Betreffende erfährt nichts davon, geht Ihnen aber nicht verloren.

Der Reiter KONTAKTANFRAGEN fasst zwei verschiedene Arten von XING-Mitgliedern zusammen:

✔ Personen, **die Ihnen** eine Kontaktanfrage gesendet haben, die Sie bisher nicht beantwortet haben

✔ Personen, **denen Sie** eine bisher unbeantwortet gebliebene Kontaktanfrage gesendet haben

Sie wechseln zwischen beiden, indem Sie rechts oberhalb der Liste die Ansicht EMPFANGENE ANFRAGEN oder GESENDETE ANFRAGEN auswählen. XING-Mitglieder, die Ihre Kontaktanfrage ohne Nachricht ablehnen, bleiben in Ihrer Liste der gesendeten Anfragen enthalten – bei maximal 50 unbestätigten Anfragen schiebt XING einen Riegel vor und Sie müssen (mit einem Klick auf das kleine x) erst alte Anfragen löschen, bevor Sie neue stellen können.

XING-Events als Kontaktbörse

Wenn Sie Kontakte lieber im direkten Gespräch anbahnen oder vertiefen, sind die über XING abgewickelten Veranstaltungen ebenfalls eine interessante Möglichkeit für Sie, Ihr Netzwerk zu erweitern. Grundsätzlich führen folgende Wege zur Teilnahme an einem solchen Event:

✔ Sie werden von einem Ihrer direkten Kontakte oder zu einem Gruppenevent eingeladen (weil Sie Mitglied in der Gruppe sind und bei den Gruppeneinstellungen den Empfang von Event-Einladungen aktiviert haben).

✔ Sie suchen unter EVENTS nach einer Veranstaltung zu einem Thema oder an einem Ort.

Wenn Sie auf dem einen oder anderem Weg ein interessantes Event gefunden haben, klicken Sie in der Eventbeschreibung auf BIN DABEI! und erwerben ein Onlineticket (sofern die Veranstaltung kostenpflichtig ist).

Unter EVENTS|IHRE EVENTS finden Sie jederzeit alle Veranstaltungen wieder, zu denen Sie angemeldet sind – dazu gehören auch die bereits hinter Ihnen liegenden Events. Der Reiter VERGANGENE EVENTS führt Sie zu den entsprechenden Gästelisten und ermöglicht Ihnen so auch die Kontaktaufnahme zu Personen, die Sie zwar persönlich kennengelernt, deren Namen Sie aber beispielsweise vergessen haben.

Danach wird es dann so richtig gut: XING ermöglicht Ihnen bereits im Vorfeld des Events einen Blick in die Gästeliste. Klicken Sie dazu auf der jeweiligen Event-Seite auf den entsprechenden Reiter und informieren Sie sich über interessante Gesprächspartner. Wenn Sie jemanden auf jeden Fall kennenlernen möchten, empfiehlt es sich, diese Person bereits vor der Veranstaltung zu kontaktieren und einen Treffpunkt auszumachen – viele Menschen sind sehr froh über diese Art der Kontaktaufnahme, weil sie befürchten, sonst möglicherweise allein herumzustehen. Falls ein gemeinsamer Kontakt von Ihnen beiden anwesend ist, können Sie sich selbstverständlich auch vorstellen lassen – das erleichtert den Gesprächseinstieg zusätzlich und schafft ein gewisses Wohlwollen bei Ihrem Gegenüber.

Grundsätzlich ist es immer eine gute Idee, frühzeitig zu erscheinen und auch nach dem Ende des eigentlichen Programms noch zu bleiben – die besten Gespräche ergeben sich oft zwischen Tür und Angel oder beim abschließenden Drink. Wenn Sie mit einem Namensschild am Revers erscheinen, erleichtern Sie anderen die Kontaktaufnahme und verschaffen Ihrem Gegenüber einen schnellen Überblick über Ihre Profession.

Dass Sie Visitenkarten dabei haben, versteht sich fast von selbst – nutzen Sie jedoch auch die Rückseite der Visitenkarte Ihres Gegenübers, um sich nach einem interessanten Gespräch Notizen zu machen. So haben Sie auch am nächsten Tag noch alle wesentlichen Informationen parat und können mit diesen glänzen, wenn Sie den persönlich geknüpften Kontakt auch auf XING herstellen.

Sie wollen selber ein Event mithilfe von XING durchführen? Grundsätzlich kann jedes XING-Mitglied seine privaten oder beruflichen Veranstaltungen über den Menüpunkt EVENTS|EVENT ORGANISIEREN durchführen. Ein integriertes Ticket-System macht die Abwicklung spielend leicht – von der Festlegung verschiedener Ticket-Kategorien über die Zahlungsabwicklung bis zur Event-Statistik. Mit dem »AdCreator«, den Sie ganz unten rechts auf der Seite unter PRODUKTE & ANGEBOTE finden, können Sie Ihre Events auf Wunsch auch (kostenpflichtig) auf der Plattform bewerben.

In Kontakt bleiben: Das XING-Nachrichtensystem

Die zentrale Schaltstelle für den Mailverkehr zwischen Ihnen und anderen XING-Mitgliedern finden Sie unter STARTSEITE|POSTFACH. Hier gibt es keine Ordner und Unterordner, sondern lediglich die Möglichkeit, nach eingegangenen, ungelesenen oder gesendeten Nachrichten zu filtern. Sofern Sie keine Nachrichten löschen – das geht mit dem kleinen × hinter jeder Nachricht –, bleiben diese hier für unbeschränkte Zeit archiviert.

Auch die erhaltenen Gruppen-Newsletter und Event-Einladungen bleiben Ihnen erhalten. Sie finden sie in der senkrechten Menüleiste auf der linken Seite bei GRUPPEN beziehungsweise EVENT-BENACHRICHTIGUNGEN.

Wenn Sie einzelne Mails wiederfinden wollen, ist die Volltextsuche für Ihr Postfach eine spannende Option. Sie befindet sich momentan noch in den Beta Labs und kann über das kleine Reagenzglas in der senkrechten Menüleiste links aktiviert werden. Wollen Sie den kompletten Mailwechsel mit einer bestimmten Person nachvollziehen (die dazu jedoch Ihr direkter Kontakt sein muss), ist es deutlich einfacher, die jeweilige Person unter STARTSEITE|KONTAKTE auszuwählen und sich über den Button MEHR hinter dem Kontakt die Korrespondenz anzeigen zu lassen.

Darüber hinaus funktioniert der Umgang mit XING-Nachrichten wie mit nahezu jedem Mailprogramm: Mithilfe der entsprechenden Buttons neben der Nachricht können Sie diese beantworten, weiterleiten oder löschen. Ein gefüllter Kreis und eine gefettete Überschrift bedeuten, dass eine Mail noch nicht gelesen wurde – über einen Klick auf diesen Kreis können Sie gelesene Mails wieder zu ungelesenen machen. Und sollte jemand Sie mit seinen Mails zu sehr nerven, können Sie den Empfang von Nachrichten dieser Person unterbinden: Gehen Sie dazu auf das Profil der betreffenden Person und klicken Sie rechts oben auf MEHR und DATENFREIGABE BEARBEITEN. Hier können Sie auswählen, ob die jeweilige Person Ihnen Nachrichten senden darf oder nicht.

Bei XING gibt es klare Regeln für das Versenden von Mails: Sie sollten den Adressaten persönlich ansprechen und einen Bezug zu seinem Profil herstellen können. Massennachrichten, Multilevel-Marketing und Spam sind bei XING verboten. Sollten Sie trotzdem eine solche Nachricht bekommen, können Sie diese jederzeit an XING melden, ohne dass der Absender davon erfährt: Nutzen Sie dazu den Button ALS SPAM MELDEN, den Sie unter OPTIONEN neben jeder einzelnen Nachricht finden.

Jobsuche mit XING 10

> **In diesem Kapitel**
> - ✔ Das Profil für die Stellensuche optimieren
> - ✔ Suchen und Finden unter dem Menüpunkt Jobs
> - ✔ Jobs in Gruppen finden

Sie möchten sich beruflich verändern oder sind mit dem Studium fertig und wollen nun ins Berufsleben einsteigen? Nach der bisherigen Lektüre verwundert es Sie vermutlich nicht, dass XING auch für diesen Fall gleich mit einer Vielzahl von Möglichkeiten aufwartet. Achten Sie darauf, dass Sie sämtliche Bewerbungsunterlagen zusammenhaben, bevor Sie durchstarten – wenn Sie bei XING erfolgreich sind, muss oftmals alles ganz schnell gehen!

Fit für den neuen Chef: Ihr XING-Profil

Die Jobsuche ist mehr – und manchmal deutlich einfacher – als das Durchforsten von Stellenbörsen und Zusammenstellen von Bewerbungsunterlagen. Wer sein XING-Profil entsprechend optimiert, kann den Spieß umdrehen und sich von Personalern, Recruitern und Headhuntern finden lassen, anstatt selbst zu suchen. Dazu müssen diese aber überhaupt erst einmal wissen, dass Sie auf Jobsuche sind!

Klicken Sie dazu in Ihrem Profil auf der rechten Seite auf Karrierewünsche bearbeiten. Hier können Sie angeben, dass Sie zurzeit auf Jobsuche sind – und gleichzeitig auswählen, wer diese Information einsehen darf. Mit Angaben zu bevorzugten Arbeitsorten, Ihrer Umzugsbereitschaft, Gehaltsvorstellungen etc. kreisen Sie das gewünschte Tätigkeitsfeld weiter ein.

 Auch Ihr aktueller Chef kann gegebenenfalls Ihr XING-Profil einsehen! Überlegen Sie sich also gut, wie transparent Sie diese Informationen machen wollen. Im schlimmsten Fall arbeitet die Personalabteilung Ihres aktuellen Arbeitgebers mit dem Talentmanager und kann daher die nur für Recruiter sichtbaren Einstellungen sehen.

Darüber hinaus bieten sich etliche weitere Stellen in Ihrem XING-Profil für die Jobsuche an:

✔ Ihr Profilfoto sollte – nicht nur, wenn Sie auf Jobsuche sind – gestaltet sein wie ein Bewerbungsfoto. Eine seriöse und sympathische Ausstrahlung ist für jeden professionellen Fotografen ein Kinderspiel.

✔ Wenn Sie Arbeit suchend sind, nutzen Sie das Feld UNTERNEHMEN für eine aussagekräftige Darstellung Ihres gewünschten Tätigkeitsfeldes und Einsatzortes sowie den Hinweis auf Ihre Verfügbarkeit. So erscheint Ihr aktueller Status – beispielsweise »Marketingleiter, Hamburg, sofort verfügbar« – bereits in den Suchergebnissen direkt unter Ihrem Namen.

✔ Ein echter Klassiker (und ein Schlüsselbegriff für Personalverantwortliche) ist die »neue Herausforderung« im Feld ICH SUCHE. (Wer diskreter agieren möchte, muss hier natürlich ein wenig zurückhaltender sein.) Darüber hinaus ist dieses Feld der perfekte Platz für eine konkrete Beschreibung Ihres Traumjobs. Je deutlicher Sie werden, desto eher bekommen Sie auch, was Sie wollen – engen Sie sich hier jedoch nicht zu stark ein!

- ✔ Ihre Kompetenzen hingegen gehören in das Feld Ich biete. Überlegen Sie sich sowohl hier als auch bei Ich suche gut, nach welchen Schlüsselbegriffen Ihre potenziellen Ansprechpartner suchen könnten! Wenn Sie zu viele, nicht zueinander passende Begriffe verwenden, entsteht schnell der Eindruck von Wahllosigkeit.

- ✔ Die Portfolio-Seite bietet Ihnen unbegrenzten Platz, weitere Details zu Ihrer Person darzustellen. Hier können Sie beispielsweise eine Initiativbewerbung, Projektbeschreibungen, Zeugnisse oder Referenzschreiben unterbringen – und das sogar zum Download! (Zu Aufbau und Gestaltung der Portfolio-Seite lesen Sie auch Kapitel 4.) Wenn Sie Ihre vollständigen Kontaktdaten auf der Portfolio-Seite unterbringen, sorgen Sie dafür, dass auch Nichtkontakte (denen Ihre detaillierten Daten nicht angezeigt werden) sich schnell und außerhalb von XING mit Ihnen in Verbindung setzen können.

- ✔ Referenzschreiben finden sich darüber hinaus unter dem Menüpunkt Referenzen – sammeln Sie hier Empfehlungen ehemaliger Arbeitgeber und Kooperationspartner, wenn möglich.

- ✔ Sofern diese nicht bereits unter Ausbildung erscheinen, ist der Bereich Qualifikationen der richtige Platz für weitere Aus- und Weiterbildungen. Hier können Sie jobrelevante Lehrgänge, Zusatzzertifikate oder Kompetenzen platzieren.

Der Menüpunkt »Jobs«

Die Stellenvermittlung auf und über die Plattform spielt eine große Rolle bei XING – so ist es nur logisch, dass Ihnen bereits auf Ihrer Startseite zu Ihrem Profil passende Stellenangebote angezeigt werden (in der Box VIELLEICHT AUCH INTERESSANT auf der rechten Seite). Diese Vorschläge basieren auf den Angaben in Ihrem Profil – je passgenauer dieses ausgefüllt ist, desto besser werden auch die vorgeschlagenen Stellen zu Ihnen passen.

Wenn Sie Zugriff auf das komplette Stellenangebot auf und über XING haben wollen, genügt ein Klick auf den Menüpunkt JOBS – hier werden Ihnen direkt auf der ersten Seite weitere interessante Stellenangebote unterbreitet, die dem Abgleich mit Ihrem Profil entstammen. Und wenn Sie hier (oder an anderer Stelle auf der Plattform) auf ein interessantes Angebot stoßen, entfaltet XING sein volles Potenzial: Sie werden überrascht sein, wie kurz die Wege in Ihr Wunschunternehmen manchmal sind. Klicken Sie dazu einfach mal auf ein Stellenangebot, das Sie interessiert, und schauen Sie dann direkt darunter: Unter EIN GUTER ARBEITGEBER? FRAGEN SIE IHREN KONTAKT wird Ihnen angezeigt, welcher Ihrer direkten Kontakte (oder gegebenenfalls Kontakte zweiten Grades) bei dieser Firma arbeitet und Ihnen bei der Kontaktanbahnung behilflich sein kann.

Sie haben keine Kontakte ersten oder zweiten Grades bei Ihrem Traumarbeitgeber? Dann lesen Sie in Kapitel 9 (Beispiel 3) nach, wie Sie Gatekeeper umschiffen und in Windeseile zu solchen Kontakten kommen.

Auch wenn XING Ihnen bereits viele spannende Jobs initiativ anbietet, ersetzt das nicht die gezielte Suche auf der Plattform. Werfen Sie dazu noch einmal einen Blick auf die Jobs-Startseite: Hier finden Sie gleich zwei Möglichkeiten dazu:

- ✔ Unter JOBS|NACH TÄTIGKEITSFELDERN & STÄDTEN können Sie in Berufsfeldern und Städten stöbern.
- ✔ Ganz oben auf der Seite finden Sie ein Suchformular, dessen Ergebnisse Sie über diverse Filter auf der rechten Seite weiter eingrenzen können.

Probieren Sie einfach ein bisschen herum, bis sich die für Ihr Ziel relevanten Suchbegriffe herauskristallisiert haben. Wenn Sie herausbekommen haben, mit welcher Kombination von Suchbegriffen Sie zu den besten Ergebnissen kommen, können Sie diese Suche speichern: Klicken Sie dazu einfach oben rechts über der Ergebnisliste auf SUCHAUFTRAG ANLEGEN und lassen Sie sich die entsprechenden Ergebnisse künftig per E-Mail zusenden. Sie können maximal fünf Suchaufträge anlegen und finden diese später unter dem Menüpunkt JOBS auf der rechten Seite wieder.

Wenn Sie zu einem späteren Zeitpunkt auf ein spannendes Stellenangebot zurückkommen wollen, können Sie sich dieses über den entsprechenden Button auf der rechten Seite MERKEN – alle gemerkten Ausschreibungen finden Sie im rechten Bereich der Jobs-Startseite wieder. Und wenn Sie sich direkt bewerben wollen, genügt ein Klick auf PER E-MAIL BEWERBEN ganz oben rechts neben jeder Anzeige.

 Falls für Sie auch eine Tätigkeit als Freelancer infrage kommt, empfehle ich Ihnen einen Klick auf den Menüpunkt »Projekte« – hier finden Sie Aufträge für Dienstleister und Freiberufler.

Gruppen für die Jobsuche nutzen

Da XING unter anderem mit dem Verkauf von Stellenanzeigen und dem Talentmanager Geld verdient, untersagt das Unternehmen die Gründung von Gruppen, die einzig und allein der Jobvermittlung dienen. Dennoch gibt es die eine oder andere Möglichkeit, die XING-Gruppen für die Jobsuche zu nutzen.

Je nachdem, ob Sie regional oder branchenspezifisch suchen wollen, bieten sich dazu die entsprechenden Gruppen an. (Lesen Sie dazu den Abschnitt »Die richtigen Gruppen finden« in Kapitel 7.) Werfen Sie einmal einen Blick auf die Startseite: Einige Gruppen blenden hier eine Box mit Jobangeboten ein, die für die Gruppenmitglieder interessant sein könnten. Welche Stellenangebote hier angezeigt werden, hängt von den Voreinstellungen ab, die die Gruppenmoderatoren getroffen haben: Durch die Angabe von Schlagwörtern und Ortsangaben legen sie fest, welche Suchergebnisse in der Box angezeigt werden.

Aber auch innerhalb der für Sie relevanten Gruppen lohnt sich die Suche: Viele Gruppen haben ein eigenes Forum für die regionale oder branchenspezifische Stellenvermittlung eingerichtet. Hier können Sie kostenlos Ihr Stellengesuch platzieren oder spannenden Ausschreibungen auf die Spur kommen. Wenn Sie künftig keinen neuen Eintrag in einem für Sie interessanten Forum verpassen wollen, können Sie dieses abonnieren: Dazu klicken Sie einfach auf das jeweilige Forum und dann rechts oben auf FORENBEITRÄGE ABONNIEREN – künftig erhalten Sie bei jedem neuen Foreneintrag eine E-Mail-Benachrichtigung.

Mitarbeitersuche mit XING 11

In diesem Kapitel

✔ Stellenanzeigen auf XING
✔ Effektive Kandidatensuche mit dem Talentmanager

In Kapitel 10 haben Sie erfahren, auf welchen Wegen XING Ihnen helfen kann, einen Job zu finden. Nun wechseln wir die Schreibtischseite: Wie können Sie die Plattform nutzen, um möglichst schnell und passgenau zu einem neuen Mitarbeiter zu kommen? Für das professionelle Recruiting stellt XING drei Werkzeuge zur Verfügung:

✔ die Platzierung einer Stellenanzeige auf der Plattform

✔ den speziell für Personaler entwickelten »Talentmanager« mit exklusiven Suchfiltern

✔ ein XING-Unternehmensprofil, mit dem Sie Ihr Unternehmen als attraktiven Arbeitgeber positionieren können (mehr dazu können Sie in Kapitel 6 nachlesen)

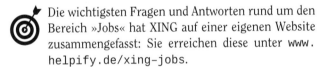 Die wichtigsten Fragen und Antworten rund um den Bereich »Jobs« hat XING auf einer eigenen Website zusammengefasst: Sie erreichen diese unter www.helpify.de/xing-jobs.

Stellenanzeigen auf XING

XING bietet zahlreiche Möglichkeiten zur Schaltung einer Jobanzeige. Das Besondere daran: Sie erreichen damit auch Personen, die nicht aktiv auf Stellensuche sind. Anhand eines intelligenten Abgleichs wird Ihre Ausschreibung mit den Profilen von über 14 Millionen Fach- und Führungskräften abgeglichen und passenden Personen auf deren XING-Startseite angezeigt. Darüber hinaus wird Ihre Stellenanzeige selbstverständlich von aktiv suchenden Mitgliedern gefunden oder ihnen aufgrund angelegter Suchagenten per E-Mail zugesendet. Eine Übersicht über die Möglichkeiten, eine Stellenanzeige zu schalten, vermitteln Ihnen die folgenden Seiten.

Stellenanzeige TEXT

Die »Stellenanzeige TEXT« ist eine reine Textanzeige und ermöglicht größtmögliche Flexibilität und volle Kontrolle sämtlicher Kosten. Bei einer maximalen Laufzeit von 90 Tagen zahlen Sie keinerlei Grundgebühren und keinen Mindestumsatz – es fallen lediglich 85 Cent pro Klick auf Ihre Anzeige an (alle Preise zuzüglich Mehrwertsteuer). Über eine Maximalsumme legen Sie fest, was die Anzeige kostet. Ist diese erreicht, wird die Stellenausschreibung einfach nicht mehr angezeigt. Achten Sie also auf einen aussagekräftigen Titel, um unnötige Fehlklicks zu vermeiden!

Stellenanzeige LOGO

Diese Version der Stellenanzeige geht einen Schritt weiter: Ihr Unternehmenslogo erhöht die Sichtbarkeit und den Wiedererkennungswert Ihrer Anzeige, eine Formatierungsleiste ermöglicht die einfache Gestaltung Ihres Textes. Für 395 Euro pro 30 Tage Laufzeit kann unbegrenzt häufig auf Ihre Anzeige geklickt werden, direkt nach der Schaltung werden Ihnen darüber hinaus bis zu zwanzig passende Kandidaten vorgeschlagen.

Stellenanzeige DESIGN

Diese Stellenanzeige garantiert Ihnen komplette Gestaltungsfreiheit: Sie profitieren von individuellem Design, unbegrenzten Klicks und variablen Laufzeiten. Dieses Format können Sie entweder als PDF hochladen – oder von XING gestalten lassen.

 Selbstverständlich ist XING auch für individuelle Lösungen zu Ihrer Stellenanzeige offen: In diesem Fall ist die »Stellenanzeige INDIVIDUELL« die richtige Lösung für Sie. Unter der Telefonnummer 040-419131784 erhalten Sie eine persönliche Beratung.

Stellenanzeige CAMPUS – kostenlose Anzeigen für die Suche nach Studierenden und Azubis

Über 320.000 Studierende und Absolventen der unterschiedlichsten Fachrichtungen sind bei XING unterwegs – diese erreichen Sie kostenlos mit einer »Stellenanzeige CAMPUS«. Dieser Anzeigentyp dient speziell der Ansprache von Praktikanten, Werkstudenten und Auszubildenden und läuft bis zu 90 Tage.

Stellenanzeige MINI

Bei diesem Anzeigentyp handelt es sich um die schnellste Möglichkeit, Ihr Netzwerk über eine Stellenausschreibung in Ihrem Unternehmen zu informieren: Sie nutzen dazu ganz einfach das Eingabefeld für Statusmeldungen auf Ihrer XING-Startseite.

Wenn Sie hier auf STELLENANGEBOT klicken, öffnet sich ein Eingabefenster, in dem Ihnen 100 Zeichen für die Stellenbezeichnung (als Überschrift) und 200 Zeichen für die Beschreibung der zu besetzenden Position zur Verfügung stehen.

 Diese Form der Stellenanzeige geht – wie alle Ihre Statusmeldungen – nur an Ihre direkten Kontakte raus. Die Reichweite ist also sehr beschränkt: Es findet kein Abgleich mit den Profilen von XING-Mitgliedern statt und Ihre Anzeige wird nicht in der Rubrik JOBS gelistet.

Die XING-Projektbörse

Hinter dem Menüpunkt PROJEKTE verbirgt sich ein Treffpunkt für Freelancer (also freie Mitarbeiter) und deren Auftraggeber: Für 195 Euro netto (pro 30 Tage) können Sie hier Ausschreibungen einstellen. Die perfekte Lösung, falls Sie nicht auf der Suche nach einem Festangestellten sind, sondern kurzfristige Unterstützung benötigen.

So machen Sie Ihre Stellenanzeige bekannt

Unmittelbar nach der Freischaltung erscheint Ihre Anzeige TEXT, LOGO, DESIGN, INDIVIDUELL oder CAMPUS in der Rubrik JOBS und kann dort von aktiv Suchenden gefunden werden. Darüber hinaus können Sie (und jedes andere XING-Mitglied, etwa Ihre Mitarbeiter) die Anzeige zu jedem Zeitpunkt während ihrer Laufzeit an das eigene Netzwerk weiterempfehlen – auf Wunsch einschließlich Facebook und Twitter. Nutzen Sie dazu den Button STELLENANGEBOT EMPFEHLEN rechts oben auf der jeweiligen Seite. Sämtliche Ihrer Kontakte werden nun auf diese Anzeige hingewiesen, können diese kommentieren, als »interessant« markieren oder ebenfalls weiterempfehlen. Alternativ können Sie die Anzeige auch als persönliche Nachricht an eine einzelne Person – beispielsweise einen potenziellen Bewerber – weiterempfehlen.

Selbstverständlich können Sie Ihr Jobangebot auch in branchenrelevanten oder regional aufgestellten Gruppen platzieren. Viele von ihnen verfügen über ein eigenes Forum für die Jobvermittlung. Wie Sie die zu Ihrem Bedarf passende Gruppe finden, erfahren Sie in Kapitel 7.

Der XING-Talentmanager

Mit dem Talentmanager gibt XING Personalverantwortlichen ein sehr praktisches Werkzeug zur Personalbeschaffung an die Hand. Es richtet sich explizit an professionelle Recruiter und kostet 2.988 Euro pro Jahr und Nutzerlizenz. Dafür bekommen die Nutzer unter anderem folgende exklusiven Features:

✔ Der Talentmanager ist eine Firmen-Mitgliedschaft. Recruiting-Projekte können einzeln oder im Team bearbeitet werden, sämtliche Ergebnisse verbleiben im Unternehmen – auch wenn ein Team-Mitglied dieses verlässt.

✔ Eine größere Zahl von Suchfiltern ermöglicht eine wesentlich detailliertere Suche. So kann beispielsweise nach besonders aktiven Mitgliedern, PLZ-Bereich, Karrierestatus, vorheriger und derzeitiger Position gesucht werden.

✔ Jeder Kandidat kann von Ihnen mit einem speziellen Status versehen und/oder danach sortiert werden. Das erleichtert die effiziente Verwaltung Ihrer Recruiting-Aktivitäten.

Sie möchten den Talentmanager kostenlos testen? Dann senden Sie mir eine E-Mail an mail@constanzewolff.de und ich arrangiere das für Sie!

Stichwortverzeichnis

A

AdCreator 112
Adressbuch 105 ff.
Aktivitäten 46, 88
   löschen 46
Aktivitäts-Index 61
Austausch, fachlicher 28

B

Basis-Mitgliedschaft 30 f.
Berufserfahrung 47
Beta Labs 37, 112

D

Datenschutz 59

E

Eigenwerbung 50
Empfehlungsmarketing 21
Employer Branding-Profil 68
Enterprise Groups 69, 71
Events 27, 110 f.
   durchführen 112
   vergangene 110
Expertenstatus 84, 88, 94

F

Facebook 33
Forenbeiträge 79 f.
Freelancer 119

G

Gruppen 75
   Ambassador-Gruppen 76
   Branchen-Gruppen 75 f.
   finden 76
   Hochschul-Gruppen 75 f.
   Moderation 92
   Regional-Gruppen 75 f.
   Stellenvermittlung 120
   Xpert Ambassador 76
Gruppen-Hilfe 93
Gruppendiskussionen 79

I

Ich biete 47, 88
Ich suche 47, 87 f.

J

Jobs 118
Jobsuche 115
   Gruppen 120
   Portfolio-Seite 117
   Profilfoto 116
   Schlüsselbegriff 116

K

Kommunikation, Strategie 19, 83
Kompetenzen 117
Kontaktbörse 110
Kontakte 46
   anbahnen 24
   bestätigen 40
   einladen 39 f.
   empfehlen 103
   exportieren 55
   finden 39
   hinzufügen 40
   Kategorie 106

knüpfen 38, 84
löscher 109
Kontaktgruppen 108
Kontaktpflege 25

M

Menüleisten 35
Mitglied merken 109
Mitglieder entdecken 39

N

Nachrichten 112
Networking 17
   Grundregeln 18 f.
Neuigkeiten 36, 62
   ausblenden 35

P

Portfolio 32, 38, 49, 86
Premium-Mitgliedschaft 30
Privatsphäre-Einstellungen 59
Profil
   Aufbau 45
   optimieren 84
Profilbesucher 37
Profildaten 59
Profilfoto 48
Profilspruch 49
Projekte 119, 124

R

Recruiting 121
Referenzen 48, 51, 57 f.

S

Schnäppchen 28
Schnellzugriff 35
Selbst-PR 24
Startseite 32, 35
   Infoboxen 37

Statusmeldung 33
Stellen 26
Stellenangebot 118
Stellenanzeigen 121, 124
   CAMPUS 123
   DESIGN 123
   INDIVIDUELL 123
   LOGO 122
   MINI 123
   TEXT 122
Suchagent 101
Suche
   erweiterte 97
   für Profis 103
Suchfilter 99

T

Talentmanager 26, 32, 121, 125
Twitter 33

U

Umfragen 81, 89
Unternehmensdarstellung 27, 67
Unternehmensprofil 66
   Mitarbeiter 68

V

Visitenkarte 111
Vorteilsangebote 28

W

Warmakquise 25
Werben auf XING 71
   Display Advertising 71
   Newsletter 71

X

XING Connector für Microsoft Outlook 57
XING-Bookmarklet 54
XING-Buttons 54